女人·爱·恋爱

Love your attitude and create a happy

伴你走过情感的快乐与伤悲
让你创造幸福恋情的30种态度

什么才是快乐恋情的归宿?
如何拥有恋爱的安全感,让完美爱情自然降临?

love a woman in love

◇前言◇

女人要活出自己的态度

常常有读者问我，怎样才能得到幸福？

我却想反问：那么，你所认知的"幸福"是什么呢？对于你想要得到的东西，你对它的认识够深刻吗？

令人羡慕的生活，不等于就是适合你的幸福。

我常听有人这样说：

像某某明星一样赚了很多钱，而且嫁给了很有钱的人。

遇见一位真心爱自己的对象，并且和他结婚。

遇见一位自己真心所爱的对象，并且和他结婚。

能够和自己所爱的对象厮守到永远。

这样的认识很美好，但是也很空洞。这就像每一个人都期望成为大富豪，但对于大富豪的生活以及奋斗历程没有任何概念一样，因此只能任由"缘分"或"命运"的"挟持"，前往任何可能更接近成为富豪的地方，但始终却未能成行。而那临门的一脚，就是对于自己的认识不够。

"认识自己"是使自己达到任何目标的最基本起点，这样你才能选到一条正确的道路，达到自己向往的目标。

"幸福"并没有具体的标准，而所谓幸福的生活，就是你能安心并快乐地生活。我不认为每一个女孩嫁入豪门都能幸福，也不认为每一个女孩嫁入平凡人家都能幸福，当然也不认为结婚就是每一个女孩的幸福指标，更不想矫情地说每一个女孩即使单身也会非常幸福。幸福重点在于你适合不适合，这些生活选择是否

符合你人生的核心价值，是否能带给你更多愉快的感受。因为令人羡慕的生活并不等于适合你的幸福。

"付出"应该是有意义的

也有许多年轻女孩问我，为什么她在爱情里付出了那么多，却依然没有得到幸福。

虽然有点残忍，但我必须说：那是因为你的付出对于双方的幸福都没有意义。这就很像你总无法在八小时内完成老板交代的工作而每天都必须加班一样，虽然你劳心劳力，但对于老板来说，意义真的不大。

没错，你的付出的确很辛苦、很累，对方也许实质上是"得到"了什么，可"感觉上"却什么都没有得到。为什么他"感觉上"却什么都没得到呢？我觉得最大的原因是他压根儿不爱你，因此他觉得你的付出对他而言都无关痛痒，就像是在一直得到免费却无用的赠品一样。

因此我真心地建议大家，如果有人吃你做的饭觉得难吃，收到你的礼物觉得多余，听见你的问候感觉很烦，那么这个对象很显然就是和你不对眼、没缘分，请早早把身边的位置腾出来，留给更爱你的人吧。

"挑男人"要有自信

很多女生都说自己对男人很挑剔（也有很多男生说自己对女人很挑剔）。

相貌不帅（不美），不行；学历不好，不行；职业不优，不行；收入不高，不行；家庭背景不好，不行；个性不好，不行；服装品位太差，不行；谈吐不优雅，不行；朋友（或家人）不喜欢，不行。

你对于对象要求如此之严苛，只能证明一件事情，那就是：

你根本没在挑对象，而是在逃避所有对象。而且你可能需要注意一件事情，那就是：或许你对自己一点信心都没有，因此才把有关"完美人生"所需要的种种压力全部转嫁到另一半身上。

你不相信你自己有办法将手中任何牌都打得漂亮。如果一个人没有这种自信和能耐，那么即使老天给了你一副好牌，你还是会打得一团乱。

拥有这种自信是很重要的，因为它能给予你更高的自由。所以，单纯地"用心"去选择真正能和你灵魂呼应的伴侣就好。而如果以上条件都是你真心想要的，那么你和你的灵魂伴侣也能够一起将它们"无中生有"。

我真正想对所有女性说的话

这本书有别于以往我写的其他书籍，其实更贴近我自己的生活。当我从许多女性身上获得智慧与感动时，我就忍不住将它们写下来，与大家分享。大多数女性都是特别善良、可爱的，许多女性同时也是充满智慧的。其中有些女性遇见的问题，或许答案是你了解的；而有些女性所表现出的智慧，也能给我们许多启发。我期望通过我的感动与文字的诠释，将这些都分享给大家。

我要特别感谢在我成长路上一直带给我人生智慧的女性长辈们，其中两位是我的母亲和我的婆婆。我的母亲是一位非常严谨的女性，而我的婆婆是一位非常开朗的女性。她们的共同点就是：在看似平凡的生活表面下，智慧地掌握了自己想要的人生。她们懂"取"，也懂"舍"。

当然，还有一位出生于1921年的女性。她在那样一个两性极为不平等的年代里，从我现在的年纪开始，守寡了近半个世纪，没有向脆弱、寂寞、贫困妥协过。在她八十多年的岁月当中，每一刻都活出了女性的尊严。她是我此生作为一个女人的最重要的

标杆,她就是我的外婆。在那样的年代就活出女人的态度,多么难能可贵!

最后我要说的是:每个女人都可以运用自己的特长与气质,活出自己应有的态度,做个百分百完美女人。

目 录

01	女人何必如此"便秘"	1
02	结婚最好的年龄？	12
03	爱情坟墓的问题	21
04	谁能伤害你？	29
05	没有人是特地来伤害你的	33
06	优质男人的盲点	37
07	管他的爱与恨，做自己最好	43
08	关于正名运动	56
09	你可以写自己的生活	64
10	粉红色的月亮	74
11	他不是在和你演偶像剧	79
12	善良的力量	84

13 别再复习他是怎么对不起你了　　　　　　　　88

14 你其实已经够好了　　　　　　　　　　　　　93

15 每个女人都可以写自己的故事　　　　　　　106

16 你的爱情决胜点是什么?　　　　　　　　　110

17 要不要赌一把?　　　　　　　　　　　　　119

18 很爱之外的其他　　　　　　　　　　　　　128

19 女人最该做的事情　　　　　　　　　　　　133

20 女人,活出自己的态度　　　　　　　　　　139

21 是"剩下来"的人生?　　　　　　　　　　146

22 别当求爱的女人　　　　　　　　　　　　　158

23 你是谁想保护的人　　　　　　　　　　　　162

24 爱和奴　　　　　　　　　　　　　　　　　172

25 灵魂伴侣　　　　　　　　　　　　　　　　180

26 男人，该不该管? 186

27 第三者 195

28 真爱和外遇 203

29 别为不值得的人伤神 211

30 什么样的男人值得托付终身? 213

31 快乐才是对的居所 219

01 女人何必如此"便秘"

对我来说,有些事情以前充满了问号,然后是句号,以为不可能再有改变或进展了(虽然这样的事情不多)。不过,不小心减肥成功以及做饼干这两件事情却大大地激励了我,所以我决定把句号拿掉,再给一个逗号。

每一个人都不应该擅自僭越上帝的威信去画下句号,不管是生活还是生命。上帝不点头,你就没有句号可以用。

我觉得现在的女生有几件事情应该大声地说出来,至少对自己说。

第一,我不是大美女,但我也要谈恋爱!

没有错,就是这种态度。谁说只有大美女才

能谈恋爱？很多相貌普通的女孩身边的男人也是条件好到令人嫉妒得牙根痒痒。

许多相貌普通的女孩往往自卑得不敢发出恋爱的讯号，很怕人家说她们异想天开，说她们怎么敢这么想，尤其是青春期经过那些无聊男生恶毒言语的洗礼之后，这部分自信就被打到谷底去了。

年久月深，就会出现这些毛病——

"我最喜欢飞轮海了……"用漫画少女般的眼神说。

"那你喜欢A吗？"（A是活着也能碰面的活男人）

"不喜欢。"摇摇头。

"那你喜欢B吗？"（B也是活着也能碰面的活男人）

"不喜欢。"表情冷冷的。

但你明明就看见，当她看着B时那种惊慌失措的模样。然

而，她还是要再三强调："我最喜欢飞轮海了。"（我觉得还可以为她加上批注：任何男人都没有飞轮海那三个来得好。）但是，为什么最喜欢飞轮海？答案很简单，因为没有可能和飞轮海谈恋爱，不可能有实质的期望，也就不会有血淋淋的失望（就算只是单恋一个男人，终究也要面临他琵琶别抱的痛苦）。这条心是死了，自己却还假装活蹦乱跳。而且，那里的爱情演出永远不会停止，比任何偶像剧都还要长寿，然后男主角可以从飞轮海转到周杰伦、罗志祥……女孩永远是赢家。

可是，你的人生难道要在脑袋里的小剧场过完吗？

承认自己很想谈恋爱有那么可耻吗？当然没有，那就好像我们都很乐于承认减肥这件事情一样。没有错，我现在身边是没人，也没人追，可是我总有权利给自己一个希望和努力目标啊！没有错，我现在就是体重高达七十公斤，但我总还可以期许一年之后减到五十公斤吧？现在没有做到一点也不遗憾，你就从想做到的此刻开始出发，就算速度慢得和蜗牛一样，十年八年总会有成绩出来吧？

我听过一个女人花了十年帮她的男人戒赌，十年啊！可见她有多么大的决心。如果当初她没有经历"嫁给这种好赌之徒"的痛苦，并且在心里大叫："我一定要改变他。"那她也就没有今天当豪宅女主人的命了。

想谈恋爱也是这样，要很真诚地把这个讯息放出去，不要害怕别人把你当成花痴。成年人本来就是要谈恋爱的，就像要吃饭、睡觉一样，有什么不敢承认的？你没有大方地和身边的异性展开互动，只是扭扭捏捏地偷看、暗恋，那才诡异吧？

拜托你把想谈恋爱的讯息放出去吧，不然如果你身边有像我这么爱管闲事的朋友想介绍异性给你，而你还故意跟我说："其

实我不急……"那我会很想掐死你。

而且，万一我手上刚好有"人财兼具"的男人可以介绍，那你不就亏大了？

第二，我就是死也要嫁给他！

没有错，就是那个男人，你爱他爱得要死，觉得不嫁给他会比死了还痛苦，那干嘛不承认？

你怕男人摆谱，怕男人因此不再对你献殷勤。可是你怕不怕，男人会觉得其实你也只是在和他玩玩而已，因为你老是对他说"其实我不急……"

别再说你不急！其实你很急好吗？我现在进入高龄产妇阶段，我也很急，万一没来得及生个孩子，我也会很难过！

没错，说不急看起来是比较骄傲一点，因为急的那个人通常都是占下风的，所以你暂且占到了上风。可是，你为什么要和自己长长的人生计划过不去呢？男人又没有说不娶你，又没有说不爱你，你告诉他你想嫁给他，他顶多因一时压力敷衍你一下而已。而你知道，只要你们没有分手，这种压力到最后都会让他麻木的，除非他内心真的对婚姻有阴影（有阴影也不是句号，想想看，我们哪一次失恋没有留下阴影，但还不是继续爱下去）。

表态很重要，你不表态，对方怎么知道他对你的责任到哪种地步？这就好像我们家老公如果对我做的难吃食物没有表态，我怎么知道该提升厨艺，或想办法说服他——养生食物通常难吃。

为什么第三者老是占上风呢？因为第三者最会表态了。她们愿意很坦然地对男人说："我就是爱你，我就是死都要和你在一起。"男人听了觉得自己如此重要，就不敢走太远。

可是老婆会说："你不可以外遇或离开我。"

结果男人一听到"不可以"这种指令，马上不高兴，连夜收

拾行囊,挑战这个"不可以"。他的心里会想:"你说不可以就不可以吗?那我算什么?"

第三,我就是要过得好,又没有对不起谁?

过去的妈妈们总是满嘴抱怨,说为谁付出了多少,为谁辛苦了多少,为谁努力了什么。她每天都在说,内容你差不多都会背了。

可要是仔细地观察那些女人,你会发现她们也没有活得多么不好。因为真的不好的那些女人,都已经咬紧牙关在应付那些不好的境况了,根本没有心力这样抱怨。

爱抱怨的女人抱怨时有部分原因是:她们其实过得太好,吃了很多甜头,怕惹人眼红。反正,无论是为了什么,她们享受也享受得偷偷摸摸,还不敢当成是享乐,因而总要抱怨自己付出了很多。

我觉得做人实在不必如此"便秘",有福气就大大方方地去享受,千万不要客气。你的人生可以吃到饱、睡到饱、用到爽,你都尽力过,又不是偷抢拐骗来的,要多看看自己努力了什么。

只要偶尔想想,某些人其实对于你的享乐也贡献了不少,适度回馈一下就好了。

做人,真的不要"便秘"。

第四,我可不是忍辱负重,其中可是有我的甜头!

从"和公婆同住"这件事情上来说好了,很多女生会觉得奇惨无比;但我认为,除非你的个性非常孤僻,孤僻到连朋友都可以不要;反之,这件事情有好也有坏。

例如,很多女生因为没有与公婆同住,所以少了人帮她们带小孩,小孩半夜吵闹怎么办?只能花钱请保姆帮忙。

有些女人和公婆同住,生活习惯上不得不互相包容,但是她

们下班后什么家事都不用做，老人家闲暇时都会东擦擦西抹抹，全都处理好。

而有些女人和老公虽然过着"小两口"的甜蜜生活，可是同样是有工作的两个人，回家之后还要张罗很多事情，累惨了……

中国自古都喜欢褒奖吃苦的人，认为你能被卡车碾过去还不惨叫一声就是伟人。实际上，你被卡车碾过去还不惨叫一声，到底对谁做出了贡献呢？

你愿意吃的苦、受的委屈，其中一定有你想要的回馈，不要不去承认它。相反，只有承认，你才会有动力做得更好，而不只是被迫去做一些事情，做得心不甘情不愿。这样的人生也很"便秘"。

就承认吧，你爱他是因为他真的长得太帅，看见他的脸比看见明天的太阳还重要。

承认这个有什么用呢？当然有用啊，就是当你被他欺负的时候感觉不会太痛，而且感觉自己活在"总有一天我会活在王子的城堡里"的希望中，而非"我不知道自己为什么那么苦命爱上他"。

这样会不会太麻痹自己了？不会啊，因为等到哪天"享受他帅"的这个甜头再也满足不了你的时候，你就会逃之夭夭了，不用任何专家教。

这是很重要的一件事情。我发现年轻女孩常常觉得自己被谁占了便宜、被谁欺负了或如何地委屈。当你有这种感觉的时候，当你很不情愿的时候，可以想想：你还没有拒绝，一定是在其中得到过一些甜头。

中国人老爱放大责任这件事情，而事实上，每一个责任背后都有一个甜头。你不能看见责任就想逃跑，或是勉强应付，这都

不是正确的办法。因为这样做到最后只会让你敷衍着劳心劳力,却没有去拿自己该得的奖品。

正确的办法是:清清楚楚地看见自己在付出过程中的好处,然后微笑着承担这个责任,大方地接受这个责任带给你的爽快。这样,你的人生才不会"便秘",才不会影响到你的全身器官发生病变。

❀ 02 最好的结婚年龄？ ❀

如果现在要让我说个最好的结婚年龄，我会觉得越早越好，法定结婚年龄到了之后，能结婚就尽早结婚。因为，四十岁不到就当奶奶真的很厉害。

如果我十八岁就认识我家老公，并且彼此都能达到这么情投意合、心灵相通的地步，那结婚有什么好迟疑的？

问题是我十八岁的时候，正在爱一个绰号为"小桃花"的笔友（真不好意思，那个年代还有笔友）。而我家老公十八岁时正在迷恋一个跆拳道高手的女生，是要怎么交集啊？而且我十八岁的时候不能和他在一起，因为当时他还是个中学生。

我二十岁的时候也想结婚，令我想结婚的男人完美到连我妈都觉得我们不结婚太可惜了。直到我二十五岁的时候，我妈还在

幻想有一天我能和那个对我没兴趣的男人结婚。

如果我二十三岁就能和我最爱的人结婚，我也挺开心的（虽然很多疑虑，但为爱可以往前冲），问题是人家就是不想和我结婚。

直到二十五岁之后的一天，我铁了心肠想直接找条件相当的对象结婚，可是，那个人感兴趣的对象也不是我（真是信心崩盘的时刻，原来想将就，结果这样也没人要，我的婚姻市场真是惨淡无比）。

原本以为台湾男人无法接受的"大女人"都可以帅气地嫁给老外，结果我向人家提出结婚，人家竟然跟我说："这是在和我妈作对，让我妈不爽就是让我不爽。"

说起来实在是命运坎坷。从十八岁到二十八岁，我足足当了十年剩女。

结婚最好的年龄我当然知道，不过现实生活中就是没办法配合嘛！我每一场恋爱都是抱着"结婚"的目的去谈的，结果都失败了！

我的某位好友大学毕业之前就放出要订婚的风声，真是羡慕死人了，结果我战战兢兢地等了一阵子红色炸弹后，等到的竟是"分手宣言"。

等到她下一次的结婚风声之后，紧接着还是分手宣言。

接下来是难分难解的罗生门。

如果连我们这些以结婚为目标的女人到最后都事与愿违了，那更不要说一直在"等待真爱降临"的女人，太难等到结婚那一刻了。

所以，哪有什么结婚的最佳年龄，全要看月老的脸色啦！

我觉得现代单身比例过高和代沟扯得上一点关系。因为以前

妈妈说，男生就是应该要这样那样，结果我们看到的男生都不是这样那样；以前爸爸说，女生就应该要这样那样，结果他们看到的女生都不是这样那样。简单地说，男人和女人，都在新的时代重新认识彼此，当然很不了解彼此，需要重新理解。

你以为女人都该温柔、婉约、三从四德，可问题是，现在的女人都有自己的梦想，不再是"第二性"。既然都是自己人生的主体，谁有办法兼顾主体和附属品的人生啊？（你看我这厢还在自称"老娘"，下一刻就在洗衣服。没有三两三，会被责备到死。）

你以为男人都该张牙舞爪，自己扛起原生家庭和新生家庭，可问题是，现在男人也没那么笨了，谁想流血流汗到过劳死，只为博得一个"英雄"的名号啊？（那厢还在"我老婆如何如何地主动爱我"，这厢回到家就"乖乖地问老婆可不可以……"）

现在的男人和女人，都已经知道人生苦短，要重新分工合作，以求降低负担了，谁也不想逞强或委屈。

所以，结婚年龄一再提高，只是因为男女双方都需要更多时间去了解、适应彼此而已。

以前所认定的男人和女人的最佳结婚年龄，其实只是迁就生育年龄而已。男人不想和小孩有代沟，而女人不想冒着生命危险生小孩，只好迁就最佳结婚年龄。如果摒除了这种疑虑，就自由多了。

错过了完美的生育年龄，的确有点可惜，但那真的并非我们所愿，因为我们真的没有办法在二十三岁那一年，到街上找个自己不太讨厌的男人和他赶快生一个小孩。（但能接受在四十三岁那一年，到精子银行筛选一个能接受的精子，生一个自己想要的小孩。那是因为，我们终于觉得人生够安全了。）

目前在台湾，焦虑婚姻的年龄都在三十岁以上；而在大陆，焦虑婚姻的年龄都在二十五岁左右。对台湾女生来说，二十五岁还可以谈好几段罗曼史，去结婚未免可惜。

当然，焦虑的原因都是来自于男人的择偶条件以及社会的看法。而我却乐观地认为，男人的择偶条件迟早会因为婚姻市场结构性的改变而改变（例如，接受姐弟恋或第二春之类的关系）。而社会眼光，则是需要多数人有勇气对"老古董见解"说"不"，当然说不不是无谓的叛逆，而是要有一套自己更完美的生活计划。

不久之前，新闻报道了一位英国女性瑞，她这辈子没有谈过恋爱，连初吻也没有献出过，但活得非常快乐。

我觉得那也是一种幸福的选择。如果这辈子我从没遇见过令我心动的男人，我会愿意成全这样美丽的人生。

结婚也好，单身也好，失婚也好，有子、没子都好，只要是自己能负责的选择，都没什么好遗憾的。

但不是所有人都天生适合当"剩女"。我觉得当"剩女"是一种本事，能够单身并维持好自己的身心状态才有资格当"剩女"。有时候女人得先承认自己究竟需不需要男人，再决定要不要和身边那个"要好没多好，要坏没多坏"的男人去结婚，不能赌气，更不必逞强。

承认自己需要男人也没什么好丢脸的，比永远不确定自己究竟需不需要男人还要强很多。因为，这样的女人至少非常清楚地认识自己，知道自己要什么，怎样才能生活得愉快不怨叹。

要继续等待真爱也是可以的，但等待真爱不是无聊地瞎耗时间并自欺欺人说要等缘分降临。等待真爱的过程，应该让自己当一地个越来越可爱的女人，才算是在向着目标前进。如果只是越

等越悲愤越惆怅,那只会让自己看起来越发黯淡,变成所有男人都不敢靠近的怨女。

即使真爱还没出现,我们也不能放弃。让自己当一个可爱的女人,这是对真爱的真诚付出。

为什么我一直提到可爱的女人呢?那是因为前一阵子认识了一位可爱的女人。我之所以觉得她难能可贵地可爱,是因为即使遭遇过背叛这样的重大事件,她也没有过多地怨怼过去那段关系,反而维持住了自己的天真善良,并继续相信爱情。

也许很多三姑六婆会嘲笑她的傻劲,但我却凭直觉相信,会有个男人珍惜她的天使心肠。不知怎么地,我更相信,背叛过她的那个人,终究最放不下的还会是她。

男人一直比女人活得孤独,男人终究不能不爱那个真心爱他的女人。

结婚最好的年龄究竟是什么时候?我觉得,就是当有一个男人出现,你觉得不嫁给他就太可惜的那个年龄。

相信自己的直觉,顺从自己的渴望。咱们女人很强,愿赌服输,输了不过重生,没什么好算计的。

人生不求一帆风顺,但求每一次都是心甘情愿投入到底,错了重新修补。只要一息尚存,谁怕谁啊?

03 爱情坟墓的问题

如果"婚姻是爱情的坟墓",那么,去年底是我第四个"忌日"。

最近非常无聊地看了一集"新闻挖挖哇(台湾电视节目)",就在我平常该洗澡兼洗衣服、刷厕所的时间。那一集提到了一位知名度颇高的第三者。

我们家一直在打电动没参与的老公问我:"她是一个愚蠢的女人,你也这么认为吧?"

我想了三秒钟,对他说:"她是一个脑袋不清楚的女人,但不是一个坏人。"

至少不是我们在连续剧中看到的那种坏人啦!

我认识一些人,他们理解的爱情就是:每一段都很真诚,但无奈得不到好结果。他们也接受这个结局。这会不会很像多数人理解的金钱一样：每一次有赚钱的机会都很认真，但无奈都赚不到什么钱。他们也接受了这种结果。

有人说，这类男女就是标准的"结婚是恋爱的坟墓"的那种人，我大概理解那种"随缘"加上"随时都蛮想换人"的感觉。

要说"爱情是婚姻的坟墓"，有时我也认同。因为每个月、每一季或每一年，我都会有几种情况特别想换老公。

如缺钱花的时候，我就会觉得，郭董事长比我家老公帅一千倍。

不太缺钱花的时候，我就觉得，那些80后、90后男生真是魅力四射，连喊我"姐"的声音都特别好听。

我家老公心情不太好又一脸不高兴的时候，我就会觉得，我们根本心灵不契合。

我家老公无法顾及我的情绪的时候,我就觉得他可能并非我的Mr. Right。

那就更不要说当他在厕所里待了半个小时之后"邀请我"去看看他的便便的时候……

每当这些时刻来临,我就觉得婚姻真的是爱情的坟墓,让我逃亡吧!

但为什么我没有逃亡呢?那是因为有其他价值观存在,超越金钱或便便的价值观。

我觉得"每一段都很真诚,但无奈得不到好结果"的爱情很无趣。

"爽够了就想换人"的爱情很无趣,就如同"赚不到钱就认定自己该当穷人"很无趣一样。

这世界上可没有什么"从天上掉下来的馅饼",我比较相信天上会掉下鸟屎，以及鸟屎般的爱情。因为真正的爱情是经营出来的，一见钟情只是经营爱情的动力而已，就像火炉里的火一样，得慢慢敲打才能铸造出一把好剑。

我明白那种"每一段都很真诚，但无奈得不到好结果"的感觉。

我不太忍心说，这么有感情的人是邪恶的，我只能说这样的人是脑袋不清楚，不知道怎么把未来和自己的真诚找到互助合作的蓝海模式——如果非要以商业说法来说的话。

我不认为同样身为原配就要互相支持，没什么好支持的。你认识当事者的原配吗？你和她是有交情吗？如果没有，甚至你不认识这些人，你凭什么支持他们？

虽然我是原配，应该很讨厌第三者这种人，不过我真的没有很讨厌那个第三者。我觉得除了当事人的原配之外，没有人有权利去惩罚她。

关别人什么事啊？

想想看，说不定有几个你推崇的医生或律师都曾接受过她的专业教育呢。她对社会毫无贡献吗？

她可能一直都有坐公车给老人让座的习惯呢！

或许还曾经扶老人过马路。

可能还帮助过一些人。

或许她曾经帮助过的人，后来也辗转帮助了我们。

所以她没有必要接受社会公审。我很负责任地说，社会公审就是那种"拿石头打死她"的盲目，只是反映每个人心中的黑暗之处而已。

我不太敢拿起石头砸死她，因为我也难以保证，说不定什么时候在天时地利人和的情况下，我也会介入别人的感情——虽然以我的人生智慧和经验来说，已经不会做这么无聊的事情了。

有些人把婚姻看成爱情的坟墓，所以最好不要"死"，永远保持感情上的新鲜活力最好。

我觉得真正的婚姻不是坟墓，对我来说，还是真实爱情的开始。许多人以为婚姻的维系靠的是互相习惯，可对我这种人来说，没有一件不舒服的事情是可以因为习惯而变得比较舒服的。但是，一件不舒服的事情可以因为看见对方的幸福而感觉比较舒服，偶尔为之也还不错。

不再有新鲜感是问题吗？我觉得不是。说真的，当步入社会之后，每天上下班过着无聊的生活，还会有什么新鲜感？我们对于人生仅存的新鲜感，不就是来自于别人和自己之间可能的互动吗？

从两人的生活中去找新鲜感一定是找不到的，所以我都去找脑袋和灵魂。当我从另一半身上发现过去我所不了解的，就感觉很新鲜。我常常在老朋友的身上找到过去我所不了解的他们，于是更爱、更喜欢他们，而且更证明了我当初交的朋友都是严格挑选过的。

生活上的新鲜感就像吸毒一样，永远没有满足的那一天，而感情和灵魂上的新鲜感却可以因为彼此认识的加深而找到不同的自己和对方，挑战新的契合点。

只要还对对方有感情，还相爱着，就很愿意继续挖掘对方经过时间、空间转换之后的不同之处。

所以，婚姻是爱情的坟墓吗？我觉得不是。爱情的坟墓只有一个，那就是：不爱了，对这个人完全没兴趣，不想呼应他的灵魂了。

如果你也是那种"每一段都很真诚，但无奈得不到好结果"

的人，或是把"婚姻就是恋爱的坟墓"挂在嘴边的人，也许是时候该问问自己：你，真的爱过吗？

04 谁能伤害你？

这两年看了一堆鬼片，以泰国和韩国鬼片居多。胆小的我因为有人在旁边壮胆，反而爱上鬼片。

这些鬼片当中，爱情占了蛮大的分量，整体结构就是：男生辜负了女生，后来女生恨到死掉或不小心死掉，变成鬼回来报仇。

导演对这种情节的铺陈也没有全然的恨意，整体气氛还是想尽量维持在：都是为了爱。

有一天看完这种鬼片，我忍不住对我家老公说，以后如果我有个儿子，我一定要千叮咛万交代：

"不要对女生承诺永远爱她。"

"不要对女生承诺永远牵她的手。"

"不要对女生承诺他是她的人。"

"不要对女生承诺生死相许。"

因为现在听到这种话都感觉毛骨悚然，好像将会引发一连串报复。

应该学我家老公说："我尽量做到，我会要求我自己，但这世界上没什么事情是绝对的。"

我现在喜欢这种比较实在的情话。

是谁把谁的手交到谁的手上？

记得我和我家老公交往的时候，我家老公的妈妈对我说："我把儿子交给你了。"

然后结婚的时候，是我外婆对他说同样的话。

我觉得当两个人相爱了，就是把自己的手交给对方牵，同时自己也牵了人家的手。我认为做人的基本态度是：如果以后两个人过得不好，把责任赖给对方会很没道义。

在爱情里面，女人也是要先把自己当人看，和男人平起平坐着，而且要有做人的道义，接着再谈什么撒娇、温柔等女人味配方。

什么叫做先把自己当人看呢？就是两个人都想实现的理想要两个人共同去完成，或是两个人分工合作完成，而不是老把"你是男人就应该给我什么"这种念头放在心上。

女人谈恋爱，不能只把自己当成恋爱里的附属品，只管着接收好处和抱怨，平常没事就想尽办法让男人疯狂、管制男人，没有为"共同的目标"尽一点心力，找到一点自主性。如果女人一直把自己当成恋爱里的附属品，那么当有一天男人想要换掉生命里的附属品时，内心就不会犹豫太久了。

"只管着接收好处和抱怨"是把自己当成附属品的表现，而"言听计从"也是把自己当成附属品的表现。

．女人应该学会发表自己的意见，甚至找到自己的主导权。有时候男人的点子真的很无聊，如果你还照做，那可能证明你不够爱他，所以懒得动脑筋；也可能证明你不够聪明。你心里想着：反正出事了是他的责任。

所以出事之后，你的工作还是负责抱怨。

你说，可他就想那样，你有什么办法？我要说，如果你拼死都想要买一个香奈儿包包，你会不会想到办法？

我突然觉得这点子蛮好的，把买到香奈儿包包的意志力拿来解决生活上的问题，相信女人会变得非常强。

我很想提倡：女人也应该为男人的人生负责。爱情里的主导权不是只有在负面状况来临时才需要（例如说男人已经在压迫你、欺负你的时候），在对正面的人生追求时其实就需要。

05 没有人是特地来伤害你的

当女人为了失败的恋情而恨意绵绵的时候,就会极端地认为:这个男人在那几年,人生没有别的事情,就是专门来伤害她的。

啊!是有杀父之仇、夺妻之恨吗?不然一个男人为什么要把人生专注放在伤害某个女人这件事情上,这种逻辑是说不通的。

最大的可能是:男人没爱过这个女人,只是在利用这个女人。

第二个可能是:男人大概被这个女人吸引过,只是后来想换人了。

在第一个可能中,我觉得女人是对感情很敏感的动物,如果面对一个对自己毫无感情的男人,八成都心知肚明,之所以不愿意离开，就是因为男人非常地吸引她。

我乐观地认为这是件好事情，因为这世界上能真正把你吸引到鬼打墙的人还真是不多。（换个角度来看，那就是天杀的"真爱"。）

想想看，至少你的人生有一次鬼打墙的晕眩经验，那当下的感觉必然是很棒的。

当你终究可以抗拒那股吸引力而走出来的时候，那表示他对你的吸引力也没那么强烈了，从某个角度上看，他就是被你抛弃了。

在第二个可能当中，就是爱情的正常几率。我们女人自己也可能曾经被谁吸引过，可是后来很想换人。如果有人问我们为什么想换人，其实我们也很难说出个所以然，因为这就是爱情啊！

如果有人因为这样而恨你到死，你也觉得没道理，是吧？

放心去爱!

我其实要说的就是这件事情：放心去爱，不要因为听了别人爱情里负面的故事就不敢谈感情，就要把爱情条件设得很复杂，连自己都不知道为什么要这样搞死自己。

你是什么样的人，就会吸引到认同你的人，而他们的灵魂是和你呼应的。当你自信是一个灵魂善良的人，就不必太担心牛鬼蛇神上身。

而日后两个人在一起，只要女人没有自己放弃主导权，把自己当人看，那么未来你要努力的方向也会和对方相差无几，最后你们走到什么地方去，其实都是看两个人怎么做。

这是我在很多老夫妻身上看到的。

爱情的第一个筛选关卡就是自己内心的声音，如果那是一个不对的人，你和他就不会呼应；如果那是一个对的人，你就会有感动。如果你的灵魂被触动了,不要一巴掌打晕它。

感动,才是爱情最真实的条件。

至于未来是什么,那舵是掌握在自己手上的。你有多爱他,多想和他过幸福的生活,那么未来就不会差到哪里去。

这世界上真地没有人可以伤害得到你,除非你自我放弃。而当你选择了自我放弃,其实你也没有爱可以给谁了。

06 优质男人的盲点

我真地很庆幸——我脑袋里的信息还没有更新到"优质男人"这个东西,就已经结婚了。

我也很庆幸——我的人生从来没对"新好男人"这种目标执著过。

我一直觉得男人只有两种:我感兴趣的和我不感兴趣的。

如果我感兴趣的男人很"王八",那么我爱的男人就是"王八",而不是什么"优质男人"或"新好男人"。

要我承认我是"绿豆"也可以,"王八配绿豆"合情合理啊。

对于"爱情"这个选题,少数人可以那么任性地说:"我就是爽啊,其他人我真的没办法,很难跟你解释,这是我自己的福。"

所以，我实在不懂，为什么女生择偶还要朝着"新好男人"或"优质男人"的指标去选。现在这时代，连"真正的男人渣"都很少见了，还要找"新好男人"或"优质男人"会不会太跟自己过不去了？

或者，这会是一个女人逃避爱情的理由？

你没有当好伯乐的角色，好好去找一匹千里马，结果反过来说男人都烂掉了，会不会太逃避了一点？

所谓的"新好男人"是什么样的呢？不外是爱老婆、爱子女、爱家、爱做家事的男人。

我很严肃地以为，一个男人如果不爱老婆、不爱子女、不爱家，那他八成也不怎么爱自己，因为这些都是他人生重要的幸福支柱，如果他不爱，就是不爱自己，脑子不清醒。

你不能和脑子不清醒的人在一起，因为笨蛋比坏人还要可怕。

至于爱做家事，我觉得就免了。我自己很爱做家事，很大一部分原因是疏解工作压力。我觉得我的男人最好不要跟我抢疏解工作压力的事情，不然我会翻脸。

我老公在很久以前，还会下厨给我做饭吃，可现在我连撒娇要他去洗个碗，他都会皱着眉头说我不爱他。（要按照时尚爱情的见解，你已经从"新好男人"的名单中除名了！）

而所谓"优质男人"是什么呢？我想象中应该就是那种时尚型男吧？生活很有品位，吃的用的穿的都很讲究，发油抹得比我多，衣服烫得比我勤的那种。原则上，可能是一个"住着时尚女人灵魂，但肉体和内心是男人"的产品。

光是想想就很窒息了。我无法忍受一个男人跟我计较电视和沙发要怎么摆，要穿哪一件衣服出门，泡澡泡得比我还讲究。两性没有互补的余地，那还不如和女生谈恋爱。

我需要的是"真正的男人"，而不是"压寨老公"。

我需要的男人可以很蠢，但能够热烈地提供各种蠢方法支持我到底。

我需要的男人可以看起来很老土，但是全力支持我追求时尚或追求可爱。

我需要的男人可以不必装高级，不必非在什么地方上班不可，但内心的敬业态度要绝对是同行的第一名。

我需要的男人不必会下厨做菜，但总很愿意把好东西留给我吃。

我需要的男人不必多么虚伪地体贴，有时候说出"假日你就是该陪我"这种话，我也是很爽的。

我需要的男人不必多有智慧,但可以突然脑袋灵光对我说出:"他说得或许是对的,但是他没有立场对你说这种话。他说得是对的,但就这件事情来说,该调整的是他而不是你。"

我常常很无聊地问我老公说:我都已经吻你那么多年了,为什么你还是青蛙?没有变成王子?

答案我当然知道,因为我也不是公主啊!

如果真要对优质男人下定义,我觉得,就是那种无论如何都可以为两个人营造幸福感的男人。

那种幸福感不是来自于男人每个月可以给你多少零用钱。因为一个月拿到数十万赡养费的女人,却可能要依赖安眠药度日。

那种幸福感也不是来自于男人多细心的体贴。一位情场征战无数的前辈男人对我说,只有保持三个以上交往对象的花心男人，才有能力维持女人想象中的浪漫。

那种幸福感也不是来自于男人多迷恋你，因为他可能有一天突然过于清醒，竟然对你说出：You have nothing but beauty.

那种幸福感是，无论你们的人生走在高潮还是低潮，他就是有那种心脏可以"承受尴尬、面对压力、置自己爽快于度外"，也要"用力撑住场面、面对现实、突破重围"，还要告诉你："这没什么好担心的。"

要说得简单一点，我觉得男人不必谈什么优质不优质，反而是要回归到基本面，讲究"挺得住"还是"挺不住"才是最重要的。

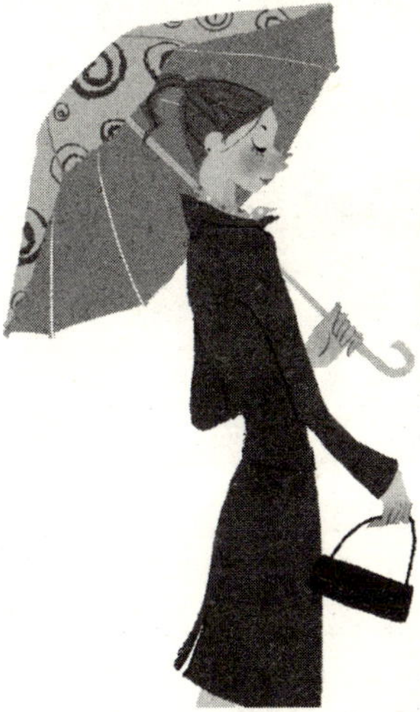

07 管他的爱与恨，做自己最好

我突然发现，爱与恨都是一种天真，都是一种对彼此的误解。可能我们的人生都是在误解的假象中度过的。因为我们需要安全感，需要为不确定的关系找到爱或恨的位置，日子才能继续过下去。

问题是人没有绝对，爱恨也很难绝对。所以我说，人生只有遗憾，其实没什么爱恨可言。

H是一个老朋友。她是一个天真烂漫的女人，或许也是男人最不知道如何对待的女人。

曾经失败的恋情彻底击溃了她。那是一个到最后什么感觉都错误的过往，包括欺骗、无言、出轨、委屈……这些感觉深植在她的内心深处，永难释怀。

结束了一段感情之后，她依然朝着感觉的方向走去，寻找一个自己感觉最舒服的地方。她发现，除了前男友之外，多数感觉都是对的，那些温柔体贴覆盖着她不安的灵魂。

至少她常常这么说。

前男友是恶魔，是王八蛋，是伤害她最深的人。

可有一次我们聊到其他话题，关于女人和物欲之间的话题，她突然不经意地说了这句话：除了"他"以外，我没有从任何男人身上得到过实质的好处。

我知道她不在乎什么实质的好处。大概也因为这样，她忘记了前男友对她的好，只惦记着他的伤害。

虽然她的爱或恨对前男友都没有影响了，可是我却感受到一个漂泊的灵魂，从此之后，不知道去向何方。

她不愿意看见那个不再回头的人的好，因为她只有去看他的不好，才能放心走开，她没有其他选择。

我还想提醒她的是，当年她也曾给前男友选择：离开或留下来。而当时青春正盛的少年，是选择留下来的。而且为了她，承担了年轻男人最不愿意承担的责任。

但我没说。我恐怕不会再对任何人说类似的真话了。因为我期盼，每一个人都能在自己感觉最好的状态下过自己的生活。爱也好，恨也好，既然这是自己选择的最佳的方式。

分手之后，痛恨对方也许是让我们死心走开的唯一之途，但有没有想过，为了这个死心，我们还要付出多少代价呢？把他看成是全盘错误的，往后的其他人就会是全盘正确的吗？

如果那个人什么都不对，那么我们当初为之而生的欢喜又是为了什么？那可是无法做作、骗不了人的幸福感啊！

如果那个人从来没有爱过，那么为什么他还愿意战战兢兢地持续对自己说谎言？

没有人喜欢战战兢兢地过日子，总有些感觉，让人们愿意赴汤蹈火。

多年以前我的好友M对我说：你是一个不懂恨的人，也不懂得生气。你会吵架吗？你根本连吵架都不会。

多年以来工作上的麻烦让我真得承认这回事。我开玩笑说，可能我真的不喜欢吵架，害怕吵架，所以我不当律师。说得更极端点，可能当不爽的气氛开始流窜的时候，我就哭了。

但有一天我突然觉得这样很好。至少在爱情里的天真烂漫让我对一些该恨的事情保持无知。我依然期待在爱情里可能发生的各种美好。过去错误的行为，往后可能不是错误的；过去失败的态度，往后可能是正确的；过去的傻，可能是往后的聪明。天真烂漫并没有什么不好，它让我发现了太傻太天真无妨，只要心里存在一份美好的信念，幸福，就是指日可待的。

远方的老朋友对我说，要为我办一场小型演唱会，令我万分感动。这让我想到王力宏在《恋爱通告》电影中的台词："我说的是，知音。"

是钟子期与伯牙，是伯乐与千里马，是我能明白你最想要被明白的。（虽然我最想要被明白的，其实是对每一个人的善意，不是什么才华之类的。）

那一刻的幸福感无法言喻。

于是我得意M曾经骂过我的话：你是一个不懂恨的人，也不懂得生气。你会吵架吗？你根本连吵架都不会。

我很庆幸，当年连吵架都不会。因为我明白爱与恨不过是自欺欺人的想法，它永远不会让我们离最想要去的地方更远，或是更近。

或许答案永远是——

做自己。

最近遇见两位"妖姬",她们是我工作上的新伙伴。之所以说她们是妖姬,实在是因为完全看不出她们的实际年龄。

妖姬A是一个初中男生的母亲,刚过一支花年龄不久,曾经历过非常艰苦的岁月,如今脸上却看不见一条皱纹,脸蛋蓬蓬的像棉花。

妖姬B乍看像学生,仔细看才看得见一点点鱼尾纹。她的气质很清新,让我想起一位生命中很重要的女人,她十年之后的样子可能是如此。

每次妖姬A带我和妖姬B出席某些场合,逢人就说"我们这两位小妹妹……"(我现在已经有点不服气了喔。我十年前出去见人被人说小妹妹,十年后为什么还是小妹妹?)。后来令我昏倒的是：原来妖姬B竟然还比妖姬A大两岁！！！

天啊！现在的女人难道都不会老了吗？

妖姬A是一位非常杰出且令我崇拜的女生。她最常说的话就是："哦，我们下个月就会有很多钱进来了哦！"

然后实事求是的我就会一头雾水问："是哪一个人要付钱？为什么会有很多钱进来呀？"

"因为我们这个月会很努力，所以下个月会有很多钱哦！"

心态真是够乐观。

妖姬B明明是前辈，却一点没有前辈的风范。（坦白说，我现在遇见很多青春无敌的女生，都有面对"前辈"的感觉，就是那种看起来经历风霜，心机很重，随时在盘算你什么的感觉。）我可以感受到，过去她所过的生活简单又自在，会随时保持心满意足的状态。

妖姬A则截然不同，她从十多岁就开始买LV。她说："我觉得别人注意我是正常的啊，我从小就是这么独特、优秀，啧啧……"

我婆婆常常帮我买"布料很少的衣服"，是啦，我真的是还蛮爱暴露的，可还是有一点点尺度的，所以有时候看见她帮我买的衣服也很傻眼……

"啊，这是要怎么穿？"我常常问她这种很傻的话。

"啊，就这样穿啊！"现场教学，还一边顾盼自怜。"你看，多美……你太老古板了。"

哇哇哇……全世界还没有人对我说过这种话喔！

有一天我很直白地对她说："你是否想过你儿子的感受啊？"

"他当然会很高兴，"我婆婆说，"自己的老婆穿得那么妖娆。"

然后我的眼前两只乌鸦飞过……

有时候她会很得意地对我炫耀说:"我的脚前两天扭伤了,今天我们出去玩,你阿爸(就是我公公)一直牵着我的手耶……"

拜托,你都生两个儿子一个女儿,而且他们年纪都很大了,你还在介意老公出门有没有牵你的手喔?

我母亲就不是这样,她会很抱怨地说:"你阿爸一天到晚黏着我,烦死了!"

(我猜想三十年后我大概也说得出这种没良心的话。然后我老公就会躲在墙角偷着哭。)

这两个女人也不会老,幼稚起来很令人受不了。我觉得,她们的人生,她们的心智年龄,在遇见如今身边的男人之后,就没再成长下去了。

无论是妖姬A和妖姬B，还是我婆婆跟我妈妈，她们的幼稚不是公主病的那一种——以为全世界的人伺候她们都是理所当然。相反，她们看待世界的眼光一直都是：

大家都对我好好喔，都把我当公主，我好感动，一定要做点什么事情表达感激。

我以前以为女生这么幼稚的想法会在大学毕业之后结束，可为什么几个经历过很多人生风风雨雨的女性，还可以这么天真乐观呢？

她们并没有特别富有、特别一帆风顺、特别有家世背景，她们现实的麻烦困扰可能还比我多很多很多啊，甚至多过那些每天都猜想着"我老公会不会有外遇？"的女人。

我想，她们之所以可以维持得外型这么年轻，内心依然天真烂漫，是因为她们一直坚持做自己吧。不因为"这个社会上现在流行什么样的女性"而改变自己，不因为"现在男性喜欢什么样的女性"而勉强自己。她们喜欢自己，也喜欢自己的人生。

面对人生的种种麻烦，她们或许处理得很利落，或许处理得很笨拙，但是她们没有逃避抱怨，她们爱自己的选择，也接受自己选择所带来的麻烦。

人生没有一帆风顺，但可以选择顺风而行，不怕风浪或冤枉路，只要没有失去自己，没有忘记让自己快乐的事情是什么就好。

坦白说，我也开始研究不老秘方了，但不是研究保养品、化妆品或医学美容，而是研究那些天然不老的女人，她们究竟凭什么样的生活姿态抵抗地心引力呢？

我发现，爱与真诚或许是女人最有效的不老秘方。对别人有爱，对自己有真诚。人与万物之间唯一的沟通之方式就是爱，有了爱，你就不会费尽心思去违逆自然平衡，就可以减少违逆自然带来的冲击。而有了真诚，你就可以理直气壮地成长、拥抱，将生命的热烈发挥到最精彩。

任何人生的麻烦都不应该阻止我们追求爱与真诚，让假面蒙蔽了我们的容颜，也蒙蔽了我们的心。

所以我觉得，维持不老的答案就是做自己，随心所欲地爱，坦然接受并应付麻烦。

08 关于正名运动

他到底爱不爱我？相信这是每个女人人生的大问题，而且是女人只要活着就想问的问题。

但要对着心爱的人问出"你爱我吗？"这几个字，也不是每一个女人都办得到的。至少像我这样倔强的心软嘴不软的女生就办不到。

（我称之为"老派的大家闺秀"。）

不过，在恋爱过程中，总觉得两个人之间的感情和关系还是想要确认一下，所以再怎样也要硬着头皮"问一下"。

只是，花前月下之时，我们这种女生问出来的话应该会让男人整个软掉。

例如，当我老公很感性地对我告白的时候，我是板着脸对他说:"我已经很厌烦谈没有结果的恋爱了,所以如果你不打算和我结婚,就算了吧!"

(其实内心比较可爱的对白是:你是真的喜欢我?那会娶我吗?现在不决定也没有关系啦,但至少会考虑和我结婚吧?)

如果换成别的男人听到我的话应该会很不爽,不过我老公却很"拍马屁"地说:"我也是这样想的啊!正好和你想的一样耶。"

多聪明的男人!现在就得到一个每天心甘情愿跪在地板上擦地的女人伺候他。

我的好友曾经遇见一位蛮喜欢她的男生,缠着她多年一直不表态。有一天"老派大家闺秀"的她来了无名火,就很严肃地问他(表情很像法官正在问犯人:你到底有没有想好啊?给我老实说！）："那好，我问你，你有没有喜欢我？！"

面对这种严刑拷问的态度，我猜是个人的话，当下反应都会吓得摇头否认，而且完全不知道自己在否认什么事情。

我自己小时候也干过这种事情。本来是严谨到保持骄傲从来不问，直到有一天喝酒喝到吐在出租车上之后，醉到快昏倒的时候，终于鼓起勇气打电话问……

"你到底有没有……那个……嗯……爱我？"

"曾经。"

是几个月几年以前的曾经啦！给我说清楚！

"我不管，你要负责！"

"我为什么要负责？"

算你狠！

"我不想和你在一起了啦！呜……"

我挂掉电话大哭。

"老派的大家闺秀"老实得很可爱,但也常常不小心把男人拒之于千里之外。例如,最近有位男性就皱着眉头说,他和他的亲密女友,某些情色议题连谈都不能谈。(他有一种被拒之千里之外的无辜。)

"老派的大家闺秀"在爱情里的表达能力真的很差,但偏偏最爱"正名运动"。我们的爱情就像一个方块格子,说好了才能跳进来,跳进来就不可以随便退出,所以,你现在是决定要跳进来还是要退出,马上给我说清楚嘛!这样我才能决定要不要和你牵手亲吻……

然而男生本来玩电子游戏好好的,突然跳出一个方格子说,请决定要不要付十块钱升级VIP,不然请立刻退出游戏。结果男生当下往口袋一摸,没有十块钱,只好黯然退出游戏。

"正名运动"对很多女生都很重要，不过"正名的过程"如果玩得太血淋淋，就很容易被除名。

有一天我的一位"非老派大家闺秀"的朋友过来跟我"争辩"正名运动，她持反对态度。她大概忘了我当年是多努力地玩这种游戏的了！

现在我只好说："我当年也很爱正名运动啊，可那是我第一次谈恋爱，没经验。现在再有恋爱机会……拜托……谁要正名啊？"

当然我是逗她开心的，我还是认为某些情况下，某些正名是需要的，而且会更好。不过人各有志，只要开心就好。

如果明天就是世界末日了，就要死掉了，说真的，还有谁为了"正名"而搞得大家心烦意乱吗？

我现在还是很难充满感情地温柔地说出"你爱我吗？"这种

话。我只会很不好意思拿着棉被遮住脸问我家老公说:"啊……那个……你有没有……爱人家?"

然后男人就是千篇一律地回答:"有啊!"(因为他正在专心玩打妖怪游戏,希望你别再啰嗦下去了。)

非常无聊的对话,结果心是酸酸的。

有一天我难得出去见一大群人,回来之后我老公就问说:"他们说你很可爱了吗?"

"没有。"我皱着眉头说,"这需要说吗?拜托,看他们的眼神就知道了!啧啧……"

话一说出口,我就知道,需要正名运动的年代,已经离我远去了。

无数征战情场的前辈男人亲口向我证实了,男人是语言表达能力很差的动物,而且会继续弱化自己的语言表达能力。为什么呢？因为他们不想示弱、不想被抓到小辫子、不想让自己的心太赤裸裸……他们很怕活得太清楚明白，就被人家知道其弱点是在心脏左边还是右边，给他一刀以致毙命……

所以男人的爱情在哪里表达？在行动里。女人只好用心去看，如果看不出个所以然，觉得没有被爱，只能说缘分太薄。

当年每次跟男人说"我们不要在一起了"之后，男人总是一愣，接着装作潇洒地问："如果我现在能给你一个愿望，你想要什么？"

"什么都不要！"女人非常有骨气。

其实内心的呐喊是：正名！没有正名我活不下去，因为我是"老派的大家闺秀"，我要正名！

累计几次分分合合下来，我也集满很多没有说出口的愿望了。

如果这些愿望时效还没有过，如果现在我还能实现一个愿望，如果这是我为曾经的付出应得的……我会说：请你幸福，请找到你生命中美好的花朵，去幸福吧！

09 你可以写自己的生活

说真的,我喝喜酒最怕遇见同桌有小孩子,因为我装不出"善良可亲的的阿姨"的样子。不能说我讨厌小孩,只能说,让我喜欢的小孩真的很少。太笨的不喜欢、太势力的不喜欢、太调皮的不喜欢、太丑的不喜欢……(我妈会说:"全世界最讨人厌的小孩就是你啦,从小到大没有邻居不抱怨的。")

尤其是上一次参加喜宴碰到的小孩最差。那小孩其实没有很吵,但令我气愤的是,新娘捧花明明是给我的死党Mei的,可那小孩却吵着向人家要过去。Mei就是那种"善良可亲的阿姨",所以大方地给了她。

我非常生气,气到很想不顾形象地从小女孩手中把捧花抢回来,让她去大哭。

接到新娘捧花这种事情,是非常重要的,好吗?

今天又去喝喜酒。等待开桌的时间一定是要跑去新娘室寒暄照相的,所以暂时离开。当我回到座位上的时候,脸当场绿掉,因为,我的位置旁边,多了一个可怕的……儿童椅。

那种不幸的感觉,真的是让我很想换桌……我已经可以想象到,等一下一定是小孩子鬼吼鬼叫哭天抢地,打翻一堆东西,妈妈手忙脚乱到崩溃,然后坐在隔壁的我就要当"善良可亲的阿姨"帮忙……

不久之后,一位年轻的妈妈把小孩抱上来了。(我假装害羞掩饰,不想太热情,以免等一下忙得要死。)我估计大概上第二道菜之前,惨剧就会接二连三发生。

可等我吃到第四道菜的时候,却没发现我隔壁的小孩没有任何动静,真是奇怪了……于是我偷偷地转头去看那个约两三岁的小男生，看见他正安安静静地吃着"儿童碗"里的食物，非常不顺手却很努力地使用汤匙。

他的妈妈一点也不手忙脚乱，非常优雅地拿出小剪刀把碗里的食物剪成碎碎的，再放到他的碗里面给他吃。妈妈和他交谈时一直轻声细语，告诉他那是什么食物，和他说说新娘子的事情。

这小孩教得有多好呢？连掉在桌上一个小小的虾壳，他都主动用小小的手捡到放厨余的碗里去。他的桌面除了花生粉之外，整体维持得比我的桌面还干净。

妈妈没有疲态、没有大呼小叫，好像一切都在她的掌握之中，没有任何一件事情需要担心的。

这时我心里想着，难得见到一家三口带着小孩子来吃喜酒，场面竟然可以维持得那么好。看，那个爸爸多贴心，他在帮忙分食物，这样妈妈就轻松多了。

但很快，我就发现坐在她旁边的男生根本不是爸爸，只是一位"善良可亲的叔叔"，而这位妈妈，是自己带着一个三岁左右的小孩来吃喜酒的。

一直到喜宴快结束，那位妈妈才抱着小孩消失了两次，安安静静地离开又回来。去哪里？去上厕所。但我没有听到如同以前经验那样，妈妈用高分贝大喊着"你要上厕所吗"，接着全世界的人都要帮她弄小孩子上厕所。

这也太感人了吧……

更感人的还在后面。

当她站起来之后我才发现：这位优雅自在的妈妈，肚子里还有一个小孩（能被我发现怀孕就是至少要七个月那么大）。

所以，这位可敬的妈妈是"怀孕并且一个人带着三岁小孩来喝喜酒"还维持得这么美妙？（还背着一个古驰包包……）

最妙的是最后服务员来询问停车的事,那位妈妈就优雅地举手拿出她的停车单来给服务员盖章。所以,她是"怀孕,并且一个人开着车,带着三岁小孩来喝喜酒,还是个维持自己优雅、小孩完美的轻松自如的妈妈"。

我实在太欣赏这位杰出女性了!

想象一下,同样是"怀孕,并且一个人开着车,带着三岁小孩来喝喜酒"的场景,如果发生在我们想象中的传统女人身上,可能就不是这样了……你八成会看到一脸哀愁的妈妈,提着大包小包尿不湿,挺着大肚子牵着小孩前来,挥汗如雨,恨意满面,内心哀怨着老公为什么去加班不能陪她来?(或是内心盘算着:妈的!真的是去给我加班吗?会不会又跟他那群狐朋狗友在一起……)对于小孩的任何要求都以拒绝和不情不愿响应(为什么你又要尿尿?你不能把碗里的东西吃完吗?你为什么无时无刻惊动着身边的人，那情形就像在呼喊着："我很惨，帮帮我……"

当然许多妈妈都有自己的苦衷，否则从古至今妈妈给人的印象也不会有那么多"怨念附身"了。不过，也许正是看着这种情形不断在我们眼前上演，无形中说服了我们"这种人生是正常的"。

没有男人协助的女人很可怜，应该有人帮她背古驰包包，否则她的肩膀就会痛；没有男人协助的妈妈很辛苦，应该有人帮她稍微带一下小孩，否则她就会灰头土脸；没有男人开车接送的怀孕女人很辛苦，应该有人去当她的司机，不然她的健康就会受到威胁……前辈女人撒娇的故事告诉了我们：没有男人就是不行的，万万不行。

这个故事暗示了晚辈女人重复悲剧，而悲剧就是：没有男人在旁边，你就该灰头土脸没好日子过。

我最近看了一本书,叫做《逆时针》。它说明了人们许多老化的状态都是由于内心相信着自己老了,所以封闭了自己身体上许多功能。例如说,相信自己骨质酥松、脑袋不中用、肢体不协调……可其实,事实并非如此。这本书的重点是,告诉人们要用心去生活,而不要放任脑袋被前辈们的故事或医学数字所迷惑。

我觉得多数女人是因为相信了太多的悲惨故事,不管是结婚、离婚或单身,还是婆媳问题、男人外遇,因此不知不觉把悲剧移植到自己的脑袋里,就会有两种结果:

第一,因为担心结婚、离婚、婆媳问题和男人外遇……所以干脆选择了单身。

第二,风风火火地跑去结婚了,结果婚姻不如预期的时候,就把以前听到的悲惨故事演绎得淋漓尽致。

而我所遇到的那个女生,她让我感觉,无论她现在的状况是什么——有没有男人？男人该死不该死？都无损于她作为一个女人的骄傲和幸福。因为，她没有把那些悲惨故事移植到她的人生里，她把自身的潜力发挥得淋漓尽致，唱出悠扬的乐章。她让人感叹：真想成为她那个样子的女人啊！

而我最近收到朋友的喜饼，破天荒从头到尾包装都没有一丁点红色。我觉得她实在太勇敢了，在诸多传统压力之下还敢这么做。我猜想这家伙一定搞疯了一堆老人。（我对我老公说，这种女人才是精品，为自己的决定负责，也会为自己的选择负责，你根本不用担心她以后会不会红杏出墙，或是把公婆抛在养老院不管。）

多数女人通常都是小心翼翼过日子，很怕"不被喜欢、不被认同"；很怕有了事业、没了爱情；很怕有了婚姻、没了自由；很怕做了这个，失去那个；很怕选了这个，失去那个……结果最后只好活在当下，悬在又想结婚又怕结婚的半空中，每天困扰着自己。

但问题是，谁告诉你选择这个就一定会失去那个呢？是谁告诉你自己一个人带小孩是凄惨的人生呢？别人或许曾经这样发生过，但那可不是你呀！关你什么事呢？这是你的人生，是全然全新的白纸一张，你愿意它是什么，它就是什么，何必管别人以前发生了什么故事呢？

真正成功的女人，绝不是她成功地嫁入豪门，弄了一堆佣人来帮她照料小孩；或是成功地年收入千万，通过整形把自己变得依然可以吸引许多追求者；或是成功地结了婚之后，抛下男方家人，只和另一半甜甜蜜蜜……真正成功的女人，是无论自己选择了什么又失去了什么，最后总能以这样优雅的姿态生活下去……

优雅地开着车，背着名牌包包，出现在任何场合，保持仪态容光焕发，而别人就算知道是个单亲妈妈一个人带着小孩，都还忍不住不理性地羡慕：离婚自己一个人带小孩，说不定也是好事一桩呢！

把任何人生都活得最出色，把任何命运都活出精彩，这就是一个成功到令人流口水的女人。

当你突破万难、突破各种社会眼光、突破前辈们告诉你的故事、突破内心的惶恐不安，你，也能开始书写自己的人生。

10 粉红色的月亮

最近我觉得，曾经爱过，就是一份很棒的礼物，无论过程是如何的备受折磨，结局是如何的不堪回首。

因为在茫茫人海中，走过你身边的人有那么多，就只有他一个人回头而且停下了脚步。

那是发出粉红色光芒的一瞬间。

那也是彼时彼刻的人生和心境，决定了出手的一瞬间。

这两个瞬间，在整个地球上，凑起来刚好的几率有多小呢?

时间和空间的距离拉远了，有时候回头看一下旧情人，用一点点陌生人客观的角度去看他，就会觉得，这是一个那么可爱的人，想和他有交集的人肯定非常地多。

我也觉得我是一个那么可爱的人，想和我有交集的人肯定非常多。

许多人走向了他,许多人也走向了我。

走向他的人,走近之后发现有点瑕疵,出不了手,不肯付出那么多,所以,错身之后很快地走开了。

走向我的人,走近之后,发现有点不完美,没有想象中的好,交流有困难,所以,短暂交集之后也走开了。

可就我们,我和他,遇见了,看见了缺点,遇见了困难,有了怨怼,有高兴或悲伤的故事情节。每一次都觉得事已至此,不必继续。

却总忍不住回头张望,你,跟上来了吗?

爱情像是被曝晒又被水洗,逐渐泛黄剥落的老照片,可是,无论时间经过多久,看着彼此,仍旧看得见最初茫茫人海中的粉红色光芒,看得见决定走过去的那个吸引力。

这世界上有更多人好过他许多,但不肯走向你;这世界上有更多人坏过他许多,但也没有走向你。无论故事后来发展如何,总之,他是走向你,也顺利赢得你眼光的那个人。

那是爱情,是奇迹。

为了最初这一束光芒,你伸手拭去每一次的伤害,告诉自己那并没有什么。你在众人之中看起来特别愚蠢,因为专家们都告诉你,你得了依赖病、被虐症,你在为自己的盲目、人生不求上进找借口。你甚至违背了自己的生存信念,相信了他的话……

直到有一天,他在茫茫人海中看见另一个粉红色的光芒,而你终于必须接受,你的粉红色对他而言已经不灵光了。

悲痛之余,有一天你听见了智者的话,拿出天秤来秤一秤,"发现"付出与获得并不相当,于是,从此你靠着传述他"占尽你便宜且无情无义"的事迹，继续用另类的方式延续这份爱情。

亲爱的，难道你忘记了吗？当初你所做的事情，所追求的，就是那一道粉红色的光芒啊！你们也得到了，一起把月亮看成粉红色的无数夜晚。你记得吗？彼时彼刻，在你的人生中，除了他以外，没有人有能力把月亮变成粉红色的。

所以为什么从此以后，你所讲述的，不再是你曾经见过的粉红色月亮。"

乍见那时，少年戴着大大的眼镜，装扮得土里土气，却掩盖不住那眼镜底下的英姿焕发。那一刻，你的心猛然跳动了一下。

从此以后，无数的伤害痛苦都该被遗忘，就为了，他也曾陪你看过无数个粉红色的月亮。

而多少人一辈子只能见到黄色的月亮？你能说自己不是个幸运儿吗？

11 他不是在和你演偶像剧

说真的，从小看了一堆偶像、罗曼史小说以及爱情电影之后，我们女生随时磨刀霍霍，准备擒来一个男人按图索骥地大展身手……

有时候，与其说是和某个男人相爱，还不如说是为我们自己的爱情电影找到一个男主角，一个对戏的角色而已。

谈恋爱的时候，女生最糟的是，一厢情愿地"把内心那种一百零一分"的完美付出演透。我们为男人做牛做马，牺牲奉献，随传随到，飞天遁地，甚至要生死相许……没有错，这一段过程没有人比你拿的分更高了，可是，麻烦你在心满意足地欣赏自己的好成绩之余，抬头看一下那个可怜男人的惊恐表情。

他只是觉得天气有点热，需要吹点冷气，可你却把空调调到十五摄氏度,是要冷死他吗?他也只是觉得天气有点冷需要一件薄外套,可你去弄了一件貂皮大衣来,是要让他中暑吗?

男人多希望你就和他一起窝在沙发上看场球赛,可你非要那么贤慧,跑去刷厨房地板……

男人周末只想放松吃一堆垃圾食物,外加玩玩游戏,可你一定要他去爬山健身,保持健康生活……

好吧,这是沟通上的小问题。因此男人非常委婉地和你沟通起来了,告诉你这样子做其实太多余,他其实也没饿到要吃掉两个大汉堡。只是沟通而已哦,可是,女人听到这种话,却马上会把它当成"打分数",满脑子这样攻击自己:你做得不好!你只有七十分,他嫌弃你做得不好……

这个时候,原本你只需要把空调温度调高十度就好了,可你非要维持原来的温度,再扔一条毛毯给他,以为这样比较完美。

可男人觉得这点小事,需要搞那么大动静吗?

于是,再沟通一次、两次、三次。最后男人觉得这种日子过下去压力太大,就想闪了。从此以后,你恨他一辈子,恨他不长眼睛没心肝,竟然不懂得好好珍惜为爱付出一百零一分的你?

你记不记得小时候放学回家吃晚餐,如果你晚点到家,饭菜凉了,妈妈就马上把饭菜拿去厨房热过再拿出来;你吃到肉有点咸,妈妈就马上拿去重做;你突然嚷着很想吃面,妈妈就立刻特地为你煮面;你吃饭的过程中,妈妈一直问你对晚餐满意不满意之类的……这个时候,你可能会希望妈妈去忙点别的事情,暂时忘记你的存在好了,甚至还不小心随口说出"你能不能别那么烦?!"这种话。这么说来,你也挺没心没肝的,竟然没珍惜妈妈一百零一分的付出!

只在乎自己的演出是否完美,而忽略了对方的感受,就是这类爱情最大的败笔。当你和对方在同一个爱情戏里演出完全不同的两回事,感情无论如何是培养不好的。

女人在感情中有时候也是很自私的,当她追求偶像剧标准化的爱情时,其实内心都遗忘了那个男人只是血肉之躯,只是青蛙一只,无论他长得再怎么可口,他要的也不过是一个能支持他梦想,和他一同走过人生路的人而已。当他决定和你在一起时,也不是来报名演偶像剧男主角的。

如果你真心爱他,最好也能爱他"举世无双、不可多得的愚蠢"。毕竟,我们自己也没有多聪明,我们也希望他能爱我们"举世无双、不可多得的笨"。爱情,本来就是互相的。

有时候,我们只需要放松一点,两个人一起坐下来大吃特吃,说着没水平的八卦消息,然后你对我的美丽投下赞同票,我对你的英明投下赞同票,这样就是最棒的幸福。

世界纷纷扰扰,谁知道下一波金融海啸什么时候到达?世界末日什么时候来临?谁在乎我的脸蛋、身材有没有符合黄金比例?你的样貌、财力、事业有没有符合三高标准?谁在乎啊?至少这世界上有你有我,在最孤独的时候,给彼此投下赞同票。

"别人都瞎了眼,只有我看见你最好。"这才是爱情,不是偶像剧。

12 善良的力量

有些人认为女孩善良一点比较好，有些人觉得女孩坏一点比较好；有些人认为女孩不应该太傻太天真，有些人认为女孩不应该太坏。女孩们究竟该怎么决定自己才是最好的呢？

我相信每一位女孩子都非常善良，可是后来发现往往"善良不一定对自己好"，有时甚至还会使自己大难临头。所以女孩子们开始学习做"坏女孩"的目的，就是为了保护自己，让自己过得更好。

这种心情可以理解，就好像你每天回家经过某一条路都会踩到狗屎，于是有一天你真的生气了，从此再也不走那条路了。

而我们的人生方向，有多少决定是在这种"气急败坏"的情绪下决定的呢？好心没好报，以后就不做好事了；真诚付出被背叛，以后就再也不要付出了；太容易相信别人而被欺负，以后就再也不相信别人了。这种做法其实对我们并没有好处。

其实每一件正确的事情都有它的价值所在，我们不需要因为暂时没有看到好处就来个急转弯，让自己变成一个不像自己的人。

我觉得，爱心和善良还是一个女孩最美好的特质。只要换个立场想就知道了，如果你遇见了一个充满爱心、体贴又善良的人，你一定会想要继续和他相处，而当他有困难的时候，你也会不知不觉地想要帮助他。如果你有什么好东西可以分享，也会和他一起分享。

你对于别人的爱心，就是你对于人际关系的投资。你善待别人，通常别人也不会对你太坏，而且通常会和你在一起的朋友们也都是这样的人。

每一个人和别人都是镜子的关系。如果你对镜子微笑，镜子里的人也会对你微笑。当你希望别人善待你，你就应该主动先去善待别人。

你不需要活得尖酸刻薄，令人害怕或讨厌，虽然那样子能吓退许多想要欺负你的人，可是也会吓跑更多可能要帮助你的人。

不过付出你的爱心不是盲目的，不要当"便利贴"，更不要因为不好意思而不得不付出。你应该积极去和身边的人相处，分享他们的快乐，了解他们的需求。你要主动为别人设想，在能力所及之处为别人解决难题。虽然往往看起来付出的人很吃亏，可是其实"别人会遇到的问题，你自己也可能会遇到"。如果在你自己遇到这个问题之前，你就曾经因为别人而深入思考过，那么当你自己遇到同样的麻烦时，你就不会这么困惑了。

年轻的你应该尽情地拥抱这个世界，燃烧自己的热情，同时累积自己的处世智慧。

13 别再复习他是怎么对不起你了

"结果……我一打开门……看见他……和一个女人光溜溜地交缠在一起……"

"他……花光了……我的积蓄……"

"他……对我很凶……很凶……很凶……"

但事情结束了吧？他终究和别的女人远走高飞去了吧？你也终究学会看重自己的血汗钱更胜于看重他了吧？你终于觉得自己应该受到更人道的对待而离开他了吧？

所以现在的你，和昨天那个傻妞已经不一样了。那个傻妞做的傻事，已经在昨天都结束了。

别太懒了。别拿昨天悲剧剧本的格式套在今天的幸福剧本上面。

不爱自己的人无法被爱。

多数女人都知道要爱自己,可都不知道怎么个爱法。大概只知道要把口袋赚饱饱的,不要让自己少吃一个下午茶,少买一条裙子,少上一堂心灵成长课程,最重要的是,不要让男人太容易得逞得到她们。

我要很诚实地说,这种爱自己的方式真的很瞎很无聊,而且很单细胞。

就"看待旧情人的坏"这件事情来说,不爱自己的女人和爱自己的女人做法就差很多。

不爱自己的女人,逢姊妹淘就要说一下,她在这段感情里是如何地备受虐待。于是大家从一开始认真地关心她的悲惨史,到最后只好把她的悲惨史当成姊妹淘聚会的经典相声。

姐妹淘再也无力,只好采取"转移注意力"的手段,对她说:"男人都不是东西,走!我们逛街去。"

结果就是荷包大失血。

要是逢新男人就要复习一次悲惨史,这样的女人下场更惨。通常结果都是,如果前任男友对她很凶,那么这个新男人就会烂到打她的地步;如果前任男友靠她养,那么新男友一定会要她去借贷;如果前男友有女朋友还劈腿,那么新男友必然是结了婚又会外遇……

爱情运势每况愈下。

为什么?不是男生看到女生很可怜都会想要疼惜吗?这不就是女生得到新恋情的杀手锏吗?错!第一时间可能是如此,不然怎么会在一起呢?可是等到热恋期过了之后,到了真实相处的时间,懒惰的男人可不想再撑了,只想用"你能接受的最低标准"

继续和你在一起。这时他回想一下你的最低标准是什么？哎，不就是养男人吗？既然你都可以养别的男人，为什么不能养他？他最起码比那个男人的条件还要好一点，而且至少没对你吼过……

结果女人左手被男人吃干抹净，右手拿钱出去买回公主服。这哪里算爱自己？

我认识一个爱自己爱到连她自己都忍不住说她好自私的女人，就不是这样做的。

她谈过的恋情很多，基本上什么牛鬼蛇神都遇过，不过如果你不是一路和她一起成长的老朋友，根本不会从她的口中听到那些牛鬼蛇神曾经存在于她的生命之中。

她愿意承认爱过的那个家伙和她的感情最淡薄。但为什么承认他？那当然是因为他如今看起来最飞黄腾达，里里外外条件最佳。

于是后来和她交往的人,连质疑她做过什么狗屁倒灶的事情都不敢质疑,在她面前只敢表现出一百分的样子,免得被她那"如今飞黄腾达,什么条件都好的前男友"给比下去了。

爱自己是这样爱的,孩子们啊……

14 你其实已经够好了

别以为桃花美女只要抛抛媚眼,桃花就跟来一堆,如果只有这样,那结果也是一夜情而已。也别只会向美女请教化妆穿衣之道,中等美女更应该向桃花美女学习的,是她们和异性相处的态度。

桃花美女看待异性通常比较冷静,不太会为了一封情书或一通电话歇斯底里(如果是这样,那她的日子是要怎样过下去啊?),也不会为了异性一个小小的举动而放大检视。

"天啊!他今天从我身边走过,竟然摆张臭脸耶!太过分了!"

桃花美女通常不会这样批判身边的异性,无论是对她有意思还是没意思的。因为她没时间对所有异性关注如此深刻细腻,况且又不是她的男朋友。

通常选择的"标的物"很多,让她们一点都不着急,所以就慢条斯理地和他们当朋友,不给自己和对方压力。在这个过程中,双方都是很愉快的,当然更能清楚自己的感觉。

即便到最后,桃花美女决定不和谁交往,她也不会像大婶一样到处播放:"拜托!他长得很丑、又没钱、又这样那样不好!"

通常桃花美女只会说:"唉,就不适合嘛!"

你发现了吗?桃花美女的特质,就是看待恋爱很冷静,心态很平常。当男生接触她们之后,其实是没什么压力的。从接触到约会,从约会到交往,一切都在合情合理的氛围之下进行。

可是无桃花的中等美女,看待异性和恋爱就比较歇斯底里。如果男生只是不小心多看了她一眼,她就认定男生为她陷入情网,开始"大量压迫地给男生机会",导致本来稍微对她有好感的男生夹着尾巴跑走。

只要一有男生向她要电话,她就可以联想到一起生孩子了,并且根据这种"理想"去约会,去给男生无穷的压力。男生约完了这一次会,当然没有勇气再继续下去。

没有错,希望恋情可以开花结果,少失恋几次,都是我们梦想中完美的状况。如果人生可以选择,我们也希望初恋就圆满达成。可问题是,人生的计划通常赶不上变化,我们只能抱着这种期望去努力,却不能因此给刚刚萌芽的恋情这么多的压力。

要知道,男人的欲火来得很快,但也很容易被浇灭。你要给男人压力,也要得等他"熊熊烈火一发不可收拾"之后再说吧。

所以,女人并非因为不够漂亮而没有桃花运,而是因为看待感情的态度不像桃花美女那样从容不迫,无形中总带给男人很多压力而使他们望之却步。我们应该向桃花美女们多多学习,她们在爱情上从容不迫的应对态度让男人感觉"这里没有刺,只有玫瑰",给予彼此了解的空间。而这个空间,就是用来喂养爱情的。

你其实已经够好了!

我常常遇到一些优秀的女生没有恋情,心里为她们急得不得了,为什么还没有长眼睛的男生来追求啊?

结果和女生深入交谈之后,才发现她们自己都没有发现自己的优点。

"我应该再瘦个八公斤,再去放话说要相亲。"

"我要等我的牙套拆了再说。"

"最近我的琴艺退步了,要再加强。"

"等等,先让我精通八国语言再说吧。你知道,有国际观的女人得到的男人也不同一般。"

"先让我考上硕士，等硕士毕业之后，我再来找个博士真爱一场。"

"虽然我已经琴棋书画样样皆通，但是意大利面我还不会做，这很重要，我要先去上课学会做意大利面。"

"等我选到一个好的整形医师，再做好双眼皮手术……"

如果以上的说词没有让你傻眼，那么你应该听听看以下这个最经典的……

"没买到那件该死的洋装，我就觉得不能出去见人，男人就不会看上我。"

我的男性朋友听到最后这一个经典之作后，第一个反应是：

"关洋装什么事情啊？隆乳才是当务之急吧？如果是要勾引男人的话。"

我回头白了他一眼。

这让我忍不住去回想,当初我家老公被我电到的那段时间,我是什么样子呢?当时的我难道觉得自己够好,好到足以得到这个男人"全心全意的奉献"吗?

那一年我二十八岁,正在经历"新陈代谢速度开始下降,所以很难维持身材"的局面。

正在被"非自愿性的失业"这件事情折磨,所以气色很差脸很臭。

在"非自愿性的失业"的现实下,还去贷款买了一辆车,压力更大。

那就更不要提那些纠缠我的得了便宜还卖乖的男人了。

每天都睡到太阳下山才起床,起床之后就不想在家里,昼伏夜出。

还有点愤世嫉俗。

从小备受宠爱的我,可以把日子过成这种鬼样子,那只能说是奇迹。奇迹则是悲伤的初恋赏给我的。

所以当我家老公全力追求我的时候,眼中看见的,应该是一个脸若冰霜、冷淡又不耐烦、看到有人靠近就想刺他一刀的女人。

他不知道我是干嘛的,家庭背景如何,交过多少男朋友,就开始追求了。

有一天我觉得这一切太不实际,所以告诉他一些关于我非常棘手的"现况",希望可以摇醒他,使他清醒。可没想到,这家伙竟然非常认真地思考着我棘手的问题,并且想出了一些应对之道……

那一天后,我对于这个看起来很"嫩"的小男生总算是另眼相看了。

面对这些棘手的"现况"还能不逃跑的男人,我觉得太厉害了。

这么厉害的男人怎么可以放过?

每个年代的男女都有困惑,以为自己没有找到好对象就是因为自己不够优秀的缘故。但我觉得每一个年代都有每一个年代对于"优秀男女生"的标准要求,它们就像是"热门产业"一样,随着时代需求而有不同的标准。像我们这些生于六零年代的人,女生的优秀就是建筑在"高学历、好工作"这种标准上,而男生的优秀也是建筑在"高学历、好工作"的标准上。(好吧,多加一个高收入好了。)

男生觉得自己应该要赚更多的钱才能得到优秀的女生真心爱他,而女生则觉得自己要培养出更多"琴棋诗画"的专长,才能得到优秀的男人真心爱他。我常常遇见一些女生对我说,她要等到她瘦几公斤,割了双眼皮,或是高升之后,才可放心追求爱情。而男生也是一样。他们都说,等到他们如何功成名就了,就可以得到真心爱他的另一半。

可事实上到那个时候,真心爱你的人,你都错过了。

我觉得,爱情来的时候是不看你此时此刻是什么样子的。爱情一向很任性,永远不被"社会认同的优秀"所左右。

如果需要长得很美很帅、社会地位很高,才找得到爱情,那么,为什么一堆平凡的人们还是快乐地悠游在爱情之中呢?

所以我觉得,把"没有爱情"这件事情归咎到自己不够好不够优秀,实在很逃避。"没有爱情"这个结果,只是因为你没在追求它而已。

说真的,"精通八国语言"或"学会做意大利面"到底关爱情什么事呢？你这样根本没在注意男人的需求，怎么可能吸引得到男人？

男人的需求很简单，不过就是"身体上愉悦"加上"心灵上愉悦"而已。"身体上的愉悦"靠的是彼此摸索追情，而心灵上愉悦则是靠真诚相爱的心。

谁在乎你的色香味放在眼前到底有多好？重要的是，吃起来到底美味不美味呢？说不定虽然你拥有心理学博士学位，可实际相处起来却毫不贴心；说不定虽然你拥有惊人的美色，可实际上却和他的肉体一点都不和；说不定虽然你满口真诚善良得如同白雪公主一般，可和他配在一起，就变成巫婆了。

其实，只要你有真诚追求爱情的心，你就已经够好了，好得足够去追求一段很棒的爱情。

而所谓"真诚追求爱情的心"，就是撇下那些身高、年龄、收入等蒙蔽你的条件，只专注于一个人有没有看懂你的心意的问题，专注于两个人在一起有没有很开心的问题。尤其在这个价值观混乱的年代，据说连"假睫毛的妆法"都可以影响到有没有恋情的年代，其实你必须更心无旁骛地去追求，去听听自己的心才能得到真爱。真爱的个性就是这么没有追求，不对时尚潮流买单，不向"热门产业"低头；而且，如果你在追求真爱之外还想"顺便"得到其他的东西，真爱就闪了。

要记住，真爱很啰嗦，它是有个性的。它就像是，一个明明可以发展成"帕里丝·希尔顿"的女生，偏偏要去扮叫Lady Gaga的女生。（Lady Gaga 四岁的时候耳朵听到琴声就会跟着弹，学古典音乐。她十一岁时与时尚名媛帕里丝·希尔顿就读同一所私立贵族女校，后来还考上很难考的纽约大学艺术系，中途还辍学，气死她老爸。）所以，如果你没有听见自己独特个性的声音，又怎么能听见真爱的声音呢？

当然也不是说你要降低标准，要往条件差的人身上去找真爱。而是说，你应该把真爱放在第一位，先把拥有真爱的好条件或坏条件的人吸引过来，接着你再去筛选其中相处最愉快的。相反，如果你要从一堆优秀的真情假意中去找真爱，那就比较困难，因为你总是会被那些外在条件唬弄过去而选错了。

就像有些女人一遇到有钱又帅的男人，就会马上麻醉自己，认为自己和那些脑袋空空的猪头是"心灵契合"的。如此自欺欺人，结果当然不太妙。

倘若女人自欺欺人地认为和一个不爱的男人相处很容易，那么发展出来的恋情就会很像四角麻将桌上缺了一角，怎样玩都不对劲。

其实我觉得，现在的女生，平均值已经够好了。而且，只要自己在持续更新系统软件，往XP、Win7发展下去，就可以维持运作的顺畅。你真地不用怀疑自己不够好，你已经值得一堆男人为你疯狂了。

这时，请先把条件论放一边吧。想象一下，如果面对一个你完全不了解背景，却深深吸引你、彼此也相处快乐的人，你是否能勇敢地说愿意？

这会不会太冒险了？你说。

但，这不就是最纯粹的爱情吗？

15 每个女人都可以写自己的故事

不久前听到一个故事。

那个女人结婚的时候我到场了。那是一个美丽又聪明的女人，驯服了一个浪子般的男人。男人情场征战数年，攻无不克，却在和她交往两年之后，就乖乖被拖进礼堂了。至今我仍印象深刻，当那位风流倜傥的男子满口天花乱坠说话的时候，那女人只要眉毛一动，男人就马上闭嘴了。

如果了解曾经有多少女人主动扑向那个迷人的男人，应该会对他们的男人的转变瞠目结舌。

后来听说他们的婚姻不顺利，就是因为婆媳之间的老问题。我不想我的文章太八卦，而且无法窥见事实全貌，所以就略过去了。两个未满三十岁的人独自生活，养了三个孩子。因为经济不允许请保姆，所以女人只能在家带孩子，靠"前浪子"一个人养家。

无法想象的是，当年逍遥自在风流倜傥的浪子，如今体重上升了1.5倍；以前觉得什么工作都太辛苦的他，如今每天早上六点钟之前起床，一天持续工作十八个钟头。

没有什么休闲娱乐，不敢想象有太多奢侈，但即使是这样，也只是勉强能够养活一家四口而已。

美少女正式成为别人口中的黄脸婆，你能想象得有多苦就有多苦，如果再加上难解的家庭问题，那真是会让人发疯。

我相信这样的故事并不陌生，在这世界的每个角落里，每一个女人都传唱着同样的委屈。这样的传唱让每个女人如惊弓之鸟，害怕也成为这种故事里的主角，所以把现实条件放在眼前，把"真爱"这件事情放在后面（其实男人也一样，不过这篇文章我不想管男人），所以"巨大的钱财"加上"没有父母家累"这两件事情，就成为女人自认可以不步上悲剧婚姻的武器了。

谁都想要过着潇洒喝下午茶的贵妇生活，谁都想要撇下男方的家人，那是现代女人的自保方向。

但有时候因自保过了头而错过了好男人，是不是值得？

你相信自己吗？

你是否相信，无论这一生遇到多少困难，你都有能力让自己活得很好吗？你敢不敢拿出这样的魄力，去和你最想要的男人共度一生？

你接受让悲剧的转折点成为你人生全部的批注吗？

你愿意别人口中说的那种悲剧婚姻移植到你自己的婚姻里吗？

如果你不愿意，你需要的不是逃避婚姻或真爱，你需要的，是拿出你的梦想和勇气，为自己的婚姻生活写下不一样的故事。

如同一个平凡的家庭主妇——斯蒂芬妮·梅尔，写出了令全世界疯狂的《暮光之城》；如同一个悲苦的单亲妈妈写出了令全世界疯狂的《哈利·波特》。

每一个女人都应该把自己当做是一个创作者，只要一只笔握在手上，都可以继续写出自己精彩的故事，无论此时此刻如何。

再完美的男人，如果落到一个不懂得创造幸福的女人手上，终究也只会耗尽完美男人的资源，直到山穷水尽。

再不完美的男人，如果落到一个懂得创造幸福的女人手上，她一样也能为自己创造出精彩的故事，无论结局是分是合。

一个再烂的男人，也耽误不了一个致力追求幸福的女人。

一个再好的男人，也无法丰富一个对人生热情贫瘠的女人。

我还是要说老话一句：男人从来都不是重点，重点是，你要你的人生是什么样子？

16 你的爱情决胜点是什么？

俗话说："天生我材必有用"，所以，每一个人的身上至少都有一个发光点为自己带来好运。

有些发光点是你已知的，并且为你带来各种好处的，像是天使脸孔和魔鬼身材这种。

有些发光点是你未知的，而且你一直以为它不会发光。

在众多发光点中，有些和爱情有关，像是个性、魅力、谈吐举止，等等，有些和爱情无关，像是腰围尺寸和鼻子高低、年收入、社会地位等。

我们一直习惯把一个人现实中的发光点当成他全部的优点看待。回到学生时代看看，我们一定记得只有成绩好的人才有正面评价，除此之外，什么符合四维八德的个性，都只能拿到安慰奖。

真的，我以前就很不屑什么"全勤奖"，觉得不上学自己念书反而考得更好，谁在乎老师有没有天天看到我？

结果步入社会以后，不管是在职业战场上还是爱情战场上，我们都还是习惯以"成绩好"的那套标准去思考自己的决胜点所在，却没有想到，真实社会和自以为的优秀差那么多。

我以前觉得没拿全勤奖仍然考第一名很棒，可后来发现其实老板更希望掌握我的出席状况；我们以前认为学历高等于是"优秀人种"的认证，可后来发现，也只有和我们一样高学历的人会认同我们的优秀，可我们还得向那些不认同我们优秀的人要一口饭吃；我们以前以为只要听话就有糖吃，后来发现其实不听话能吃到的糖更多……

最重要的是，根据"门当户对"的原理，我们也相信只要让自己成为优秀人种,就可以和优秀人种谈恋爱了。可是等到和所谓的"优秀人种"谈恋爱之后,又错愕地惊觉他们都是怪物,都是偏执狂。

不能忍受你的一点小小失误;不能接受你的小小任性;永远都在找自己人生的巅峰而拖着不结婚,哪管你生理时钟已经快过了生育期;永远都认为只要赚更多钱就可以找到不用让他受气的女人;永远都是遇到问题就想回家找妈妈……

他人生唯一可圈可点的,就是比别人得的奖状多……

在"优秀人种"里,难道就没有和善可亲一点的对象吗?当然是有的。而且你拿什么东西去吸引你的对象,你就必然会得到相应的对象。

你说你拥有高学历、美丽、高薪、高职位,你应得同等条件的对象,结果来了一堆高学历、高薪、高职位,却长相奇怖的男子,这有呼应你的条件吗?当然有啊!别忘了,在男人的世界里,外型俊美不算竞争力,只要多赚两个钱就可以补上了,所以他只要资产比你再高一点点,都可以匹配得上你。喔,不,他还比你更优秀一点,因为你是女人,你年纪大了会贬值,而他认为他一直在增值。

我和每个女人一样,都曾经问过男人"你到底爱我什么"这件事情。而我比较重视的男人,回答的答案则有异曲同工之妙。

A说:"全世界我最不可能对你说谎。因为我最信任你。"

B说:"因为你不会骗我。"

我得说,诚实并非我的选择,因为我的智商不够强,能记住的事情不太多,所以诚实对我来说是最省事的。

诚实对我而言绝非美德,而是智能不足应该妥协的结果。

我听过的赞美包括漂亮(虽然不多)、聪明(我觉得很瞎）、身材好（应该是肺腑之言）、能力强（打个问号）、有智慧（到死那天才知道）。而我们家老母推销我嫁出去的说法则是"脾气不好，但很善良"（这是对我婆婆说的），以及"你赚到了你，这女人可以同时赚钱又顾小孩"（这是对我家老公说的）。

但我从没有想到我的爱情决胜点，竟然会是我因为智商太低，记不住谎言，不得不选择——诚实。

好啦，我以前拿的那些奖状在爱情面前都是垃圾，而且我所引以为傲的毕业科系，竟然是朋友被对象挑剔的理由——法律系的女生都很差劲。

为什么会这样呢？难道我们之前那么努力敷脸减肥，都是枉然的吗？当然不是，毕竟它们在"第一次接触"时也是很好用的。

可是到了"第二次接触"时,到了"爱情的决胜点"那就没那么好用了。天使脸孔、魔鬼身材,甚至一些账面上门当户对的好条件,在这个阶段好像都失效了。到了真的"谈感情"的时候,拿出来的就是一些以前考试都不考的东西,像是个性、魅力、想法……在这个阶段,你得认真找出"爱情的决胜点"才行。

例如,说我认识的美丽的女人,别人看她的爱情决胜点都是"漂亮",我觉得很瞎。因为她的爱情决胜点其实是她的贴心与善解人意,而且她非常地尊重别人,这大大地让需要被爱的男人离不开她。

另一个美丽的女人,别人看她的爱情决胜点也是"漂亮",可我认为她之所以能得到幸福,是因为她正直善良,让主导欲望强烈的男人想保护她。

某些女人的爱情决胜点明明是"温婉",可她偏偏要强调自己的美丽。

某些女人的爱情决胜点明明是"智慧",可她偏偏要强调自己的人格。

某些女人的爱情决胜点明明是"可爱",可她偏偏要强调自己的美艳。

某些女人的爱情决胜点明明是"实在",可她偏偏要强调自己的学历。

这就好像某个公司想应征一位英文高手,可她面试的时候却一直强调自己的日文能力,那怎么配得起来呢?

既然说的是爱情决胜点,那么必然是和情感有关的条件。人与人之间能产生情感的条件,无非是性别魅力、个性、谈吐、价值观……绝非是那些论斤秤两的外在条件,那些,真的只要低标准就好了。如果你没奢想一个外在条件高标准的男人，其实也没关系。要不然，为什么各种族群的人都有机会找到属于自己的真爱呢？

因为，真心是没有高标低标的差别啊！

每一个女人都应该知道自己除了在外表、学历、工作、资产考一百分之外还有什么优点。毕竟，你也不是拿着成绩单在到处相亲，你是想要找到真心欣赏你的男人。既然如此，你就应该拿出你身上恒久不变的优点作为爱情的决胜点，那才最可靠。男人被你恒常不变的优点吸引了，他才会恒常不变。

如果你的爱情决胜点是你的青春活力，就拿着它吸引你要的男人吧；如果你的爱情决胜点是你的温柔，就拿着它吸引你要的男人吧；如果你的爱情决胜点是你的体贴，就拿着它吸引你要的男人吧。只有被你的爱情决胜点吸引来，他们才能够摒除外在条

件的变化，持续地被你吸引。

17 要不要赌一把？

对于年轻女孩来说，最大的困扰不是没有感情对象，也不是已经确认的感情对象很糟糕，而是来了一个"让人不放心"的感情对象。

明眼人一看就知道，以"性格"来说，浮躁、没责任感、抗压能力低……那是个该闪得远远的男人；以"犯罪纪录"来说，劈腿、外遇、曾经抛弃你、暴力……也是"证据确凿"，可是女人就是不死心。她们的心里就是很爱，只是爱得太孤独，爱得没有获得祝福，爱得没有定心丸，所以很苦。

在她们内心深处明明知道，这爱情是一艘飘摇在海洋中的破船，会不会沉入海底只能靠运气，可是就非要说服自己运气就是这么好。她们会想，可能这艘破船上面有救生圈，也许这艘破船的支架很牢靠……如果这个时候有人告诉她们：这艘船看起来虽然破，可是有神祇加持过，所以怎样都不会沉，女人们也会这么相信。

我要反驳"爱情是盲目的"这句话，我认为爱情有盲目也有不盲目的，这完全取决于女人如何看待自己生命的价值。一个女人越看重自己的生命，就越不容易盲目。

这就好像准备好第一次和自己喜欢的人约会，你那么重视，当然不会盲目，当然是对着镜子从头到脚都盯得紧紧的，把出差错的几率降到最低。每一个女人爱自己的人生，都要如同看待"第一次和自己喜欢的人约会"一样，知道如果表现不好，就不会有下一次。

面对一个"已经有犯罪纪录"或"犯罪证据确凿"的人，该再给他一次机会吗？面对一个风评很差的男人，该给他一次机会吗?

你说，人生没有什么是不可能的，好人会变坏、坏人也会变好，跋扈的王八蛋会变成温柔的情人，浪子会回头……我都同意，既然有人都能够用眼皮拉动一架飞机了，这无奇不有世界，还有什么好质疑的呢?

搞不好明天一觉醒来，外星人已经统治了地球，谁知道?

你听到这里一定会大笑，哈! 那几率也太低了吧?

没有错啊，这就是几率问题，和赌博一样。人家说十赌九输，九输也还有一赢，如果赢了那一把，连做梦都会笑。

所以，你要赌一把吗?

你总是想要问别人：他到底爱不爱你? 其实你都心知肚明。

当喜欢上一个"让人不放心的感情对象"时，女人通常都会问朋友这个问题。

开场白一定是:"他这样又那样对我,真的很过分吧?"

朋友会保持着"劝合不劝离"的态度,安慰她说:"也许他有他的苦衷。"

而中场一定是:可是我对他如何又如何,他这样响应我也未免太狼心狗肺了吧?

朋友这时就会采取"和你有同情心"的态度,和你一个鼻孔出气:"对!该给他一个教训,甩掉他!"

结果女生听到这里,心头一震,接着就会说:"其实他平常对我还算不错,像他知道我爱吃什么,都会带回来给我吃。我想,我还是不要教训他好了。"

结论是什么?结论是女生开始想:可能我有什么地方做错了,才会让他这样对我呢?

暂且不论谁对谁错,请看看以上的心情转折,就好像在十八层地狱里轮回，感到痛苦是一定的。也许你要说，爱情里没有对错，但是我也要说，爱情里最好减少这种痛苦，因为它无益于双方的感情，只是在消耗双方的生命能量。消耗到最后，会让人感觉人生毫无意义，活不下去了。

爱情里该麻烦的事情可不少，但"我们是否彼此相爱"的这种麻烦最好在一开始就解决掉，这样才能继续去解决诸如"两个人睡觉的姿势会不会互相影响睡眠"之类的麻烦。如果"我们是否彼此相爱"这种问题三五年都解决不了，那真的就不用再处理了。

并不是说他不爱你或你不爱他，只是说，你们在"相爱"这件事情上没有共识。

我曾经非常用力地处理过这个问题，大半的青春都在处理同一个问题，但三五年后还是得不到答案。

在这些年当中，对一个人的爱有增无减，但对那个人的不信任感也是有增无减。

我选择离开，因为我太爱这可贵的人生，并不想把整个人生都拿来消耗在"我们是否彼此相爱"这个问题上。我还有很多事情想要做，还有很多事情想懂、想尝试。我不愿意自己的心灵继续销蚀下去。因此不骗你，明明是选择自己离开，但还是心痛到无法言喻。从此以后，有很多日子都是带着眼泪睡去又醒过来。

每一个想拨电话给他的夜晚里，就把自己灌醉早早睡去。

那是很绝望的一段日子，但总相信，只要坚持活下去，即使暂时不能好好活着，总有一天自己也会很腻烦这种太颓废的日子，对自己大喊：够了！停！

接着每天从谷底爬出来一点，因为我太爱这人生了。

事实证明，你多爱这个人生，你的人生就有多幸福。

我不知道"和一个不放心的对象在一起"成功圆满的几率究竟有多大，不过我还没有听过成功的。

那个真实又令人心酸的故事我曾经说过，发生在我朋友母亲的女性朋友身上。当年那女人算是"花字辈"的美少女，一笑倾城，再笑倾国，追求者众。而在众多追求者当中，有三个是最真诚的——一个是书呆子，一个是家境贫困的男孩，一个是普通家庭的小孩。最后的那个男孩外型出众，也特别能逗女人开心，因此女人毅然决然地撇下书呆子和穷人，和他在一起。

原本就是个不定性的男人，结婚时女方的父母也很担心，可是女方选择赌一把，和他结婚生子，也生了两个孩子。之后的故事情节就像所有连续剧一样：男人在现实生活上不顺利，酗酒又自暴自弃，最后开始实施家庭暴力。女人有一天终于受不了，带着两个孩子躲到山上的寺庙去。

而缘分就是这么巧妙。第二天,一批官员们来到寺庙礼佛参拜,簇拥着的是某个地方的县长。她发现这位县长,就是当年苦苦追求她的那个书呆子。

后来她也听说,当年追求她的穷男孩,后来是某个企业的大老板。

现实生活中的故事没有像连续剧一样,重逢又燃起情愫。现实生活中的故事是,女人得去申请"保护令"让自己远离暴力丈夫,诉请"离婚",争取"监护权",等到这一切过后,年过四十,人生又从零开始。

女人后来也看开了,自嘲着:"连三选二的机会都会选错,只好认了。"

我说这个故事并非在恐吓你:万一和一个"令人不放心的家伙"在一起了,结果可是非常的糟糕。我要告诉你的是,如果你决定赌一把,请把"十赌九输"的那"九输"放在心里,不要以为自己的运气真的好到像奇迹一样,那种几率高达百分之九十的悲剧不会发生。我希望你把那"九输"的可能性都想过了,而且清楚地知道万一那"九输"发生了,自己是否能承担得起痛苦?是否有能力收拾好痛苦去面对"保护令""诉请离婚"和"争取监护权"这三件事情?如果你有这种信心,我很敬佩你,而且要告诉你:人生就这么一次,要轰轰烈烈就去干吧!

但我也要说,此时此刻选择撕心裂肺地离开,也是很有骨气的选择。

18 很爱之外的其他

因为美得太不实际，因为太惹人妒忌，所以谁都想铁口直断他们两个人终究会分开。难道不是吗？难道这个世界上，会有这么完美的事情落在一对恋人的身上吗？

看，那男人是第几次和别人有肢体暧昧被抓到了？他们是真的相爱吗？

我曾经偶见过那个男生，温文有礼，有着单纯的眼神。

我相信他们是深深相爱的，只是男人还是个孩子。他可能会是个一直长不大的男人，因为他失去很多该令他长大的机会。

我见过这些孩子们，他们来自非常良好的家庭环境，接受了很好的教养，得到了完善的保护。在他们的人生中，"拥有"既然不费吹灰之力，"珍惜"的感觉当然也就没有那么强烈。这并非缺陷或错误，这是一种命运，换成了是谁站到那个位置上都会有这种命运，绝少幸免。

有些孩子来自非常良好的教育体系，从小到大穿着白色衬衫打着领口的蝴蝶结，受到了各方长辈的肯定：帅气、聪明、灵活、优秀……

他们受到异性的肯定多到满出来，所以最后不小心失去了自我。你知道，"拥有"和"被拥有"有时候是一体两面，当你太享受于某件事情带来的好处时，其实你的人生也差不多被那件事情制约了。

金汤匙、聪明、帅气……做人能够超越这些与生俱来的糖果之上的，绝少。

现在的我，其实很看淡外遇或出轨的事情，至少目前是这样的。如果你把全世界的任何一个男人都当成是可能的相爱对象，那么对于外遇和出轨的风险就要有所承担,当然,男人也是一样的。

爱情是糖果,谁都不会永远满足于只有一颗糖果,就算暂时满足了,也可能被更漂亮的糖果吸引。面临到这种"伤害对方"还是"尊重自由"的抉择之时,并不简单,到最后你会告诉自己:只要舔一口就好,舔一口也不会被发现。既然不会被发现,也不可能伤害对方。最重要的是,面对这种抉择时,人都突然自信了起来,相信自己一定可以"自拔"。

我太佩服最后能自拔的那些人了,因为我很没自信,认为自己没可能拔得出来。

已经很有自我的男人,就是认识了自己"不可能自拔"的弱势,或是,觉得这世界上还有比"拔或不拔"更重要的抉择要做。他们当然也会心动,可是他们爱自己爱得不得了,珍惜自己的人生珍惜得不得了，所以眼光不会只放在"拔或不拔"的事情上。"忍一下就能过去"的事情，毕竟不值得付出太多。

至于那些没有机会长大的孩子们，就是无法找到对自己最重要的事情，也许是刚好什么都可以得到的不费吹灰之力，所以什么都要，至少也不排斥啦！他们距离坏男人还算很远，因为他们其实内心善良，尽可能诚实做人。他们活得有点天使也有点魔鬼，就像是任何五岁的小男生一样，会黏着妈妈说最爱妈妈，可是也会一天到晚对妈妈造反。

如果你爱上了这种长不大的孩子，应该怎么办才好呢？像我这种也很幼稚的，我就会放弃和一个孩子相爱，因为我没有那么大的忍耐度去和另一个孩子过着水深火热的生活。（我们从小也是穿着可爱洋装被很多老师肯定长大的，只是没有怎么被男生爱上而已。）如果你确定自己是成年人了，可以用成熟的态度去面对男人偶然的"鬼打墙",那么就可以选择和任何男人相爱。如果你活得比我还要梦幻,还相信这世界上有完美又专情到死的男人,那么我劝你离这些没长大的孩子们远一点。

认识自己是什么样的人,才能为自己创造最好的恋情。因为,那些爱情之外的其他,才是决定"爱是永恒"这件事情的关键。

🌸 19 女人最该做的事情 🌸

最近做饼干成为我每天吃完晚饭之后的既定工作。我在其中找到创作的力量。

因为做出市面上没有的口味而超级快乐的感觉，就像创作一样，也和养出一只独一无二的狗一样。

自己首先认同，觉得很好吃，接着别人也认同了。我家老公的同事们有一天去吃美式餐厅的手工饼干，回头对我老公说：你老婆做的比这个好吃多了。

于是这个世界上至少就有十个人认同了，这种口味的饼干市面上完全没有出现过的，就好像我的创作至少有十个读者，影响力不大，但是这个世界里一颗小小的种子，也许有一天有那么多认同的人，比我更优秀，加以改进之后获得更多认同，并且利用它创作出更有利于这个世界的思想，然后这个创作就如同春草一样滋养繁盛。

停止了日复一日、年复一年的旧思维，在某个关键时刻，产生了蝴蝶效应。

当然，这是每一个创作者的狂想曲，不见得所有创作都能经得起时间考验，但会是一个希望的设想。

为什么我会做饼干呢？因为多年前我是"作点心过生活"这个节目的忠实观众，对于那些点心的变化非常感兴趣。我查询了蛋糕、饼干和面包各种食谱，无聊就去看一下，但每一次都被复杂的配方打败。

我不喜欢数字，不喜欢化学添加物，很怕失败浪费食物，所以卡住了。一直到后来发现各种饼干配方的共同点，无非是奶油、糖和低筋面粉，认为那必然是基本的配方，所以就参照着比例做出来，然后从中变化。

基底是来自于过去求学时对于各种物质的理解，而变化则是从这些理解中去想象的，结果当然要靠实验。

以前求学时代没有质疑过学那些东西要做什么就傻傻地学，可是就在一个你不知道会用的时刻，用上了。

我要说的是，基础教育是应该好好重视的，当学生的不要太势利眼，老想学这些东西能做什么？要做什么？其实谁也不知道。但有了基础知识就有大自由，想做什么都有靠山。我信奉培根先生"知识就是力量"这句话。

目前这个世界还是由男性主导的，那么女人想要建立属于自己的规则，就非得充分地充实自己不可，然后再学会宏观地看待每一件事情。

只对着男人吵着要糖吃是没有用的，你要用更胜一筹的思维,并且去证实你的做法更具价值。

我的充实仍在持续,我的学习没有间断,我的反省日复一日,这是生命中最美好的事情。

女人的人生就是一次创作。你可以选择对着任何食谱,按步就班地作出别人告诉你的饼干样子。但你也可以根据自己的基本知识或尝试一种创新,然后变化出属于自己的口味。

我这本书的内容都是浅层的情感感悟。如果你按图索骥、按步就班地做,当然可以过得很平顺,毕竟那也是集合我自己以及许多女人的智慧经验而来的成果。但如果你愿意从其中变化出属于自己独一无二的人生,那会是我更乐意见的事情。我希望有一天你能告诉我,你创造出了中国女人的新命运。

在武则天之前,没有任何一个女人敢想过自己可以是一个皇帝,但武则天找到了这个可能性,这是她为自己创作的,更是为这世界新的可能性创作的。在她之后，女人找到自己绝对能独当一面的可能性，而未来的女人则因为得到更多教育、自由，所以做得比她会更好。

你正在改变这个世界，不要怀疑，不要盲从、不要顺服，只要是利人利己的事情，都值得你去尝试。

无论正在读这篇文章的你是否是我的读者，我都希望给你最诚恳的建议。

女人的人生，不决定于男人，而是决定于自己。

如何应付男人？如何选好婚姻或爱情？如何选好工作或学业？技巧有很多，也许你心里有更好的方式。但技术只是工具，好用或不好用，全决定于人如何使用它。

无论如何，我对于年轻女孩最根本的建议就是：接受教育、更新知识，反省改进，有自己的想法，努力去证实自己的梦想并拒绝空谈。

这是女人最该做的事情。

20 女人，活出自己的态度

有一天在博客上读到一个女生谈起自己过去"比较胖"的时候（实际上一点也不胖），用"浮尸"这两个字形容自己胖的样子。我看了真是震撼，怎么忍心这样说自己呢？

为什么不是——那阵子我必然过得很开心，享受了很多美食，才胖了一点点，还不错嘛！但现在得克制了。

已经结婚的女人开始发胖，面对男人的冷嘲热讽，说自己"没有保持"、说自己"不知羞耻"，还非常认同地大说特说，我也很讶异。这种话老是姐妹淘说的，还能当做是砥砺之用，可如果是身边的男人说的，就一定要抗议到底。

毕竟……和"不知羞耻的女人"腻在一起的男人，羞耻心是好不到哪里去的。

我最近看了朋友的婚纱照，而非常"不知羞耻"地大大赞扬了我家老公。

"结婚的第一关，真的是男人体力的考验。"我说。

"为什么？"他说。

"因为拍婚纱本身就是一个体力的考验。摄影师都会要求新郎把新娘整个抱起来。"

"那也还好吧。"

"你知道婚纱是很重的。"

"那也还好吧。"

"可是当初摄影师要求的姿势，是你要把我甩出去，不只是抱而已。为了这个镜头，还来回了好几次。"

"我是觉得还好。"

"但你要知道，拍婚纱时的我，大概有七十公斤，加上婚纱，可能有七十五公斤以上。如果要加上甩出去的姿势，你的负担应该超过八十公斤。"

"是喔，可是我没感觉耶。"

好啦，你是超级大力士好吗！

女人被男人物化已经够惨了，女人还要回过头来物化自己，难道没有加倍悲惨？

女人的人生，难道只有胖和瘦，妆感和素颜这两件事情而已吗？

废话，我们当然要求自己更好更完美，但是我们好像总要求"个性化"得更好更完美吧？尤其是在这个什么都讲求个性化的VIP时代。

我就算胖到八十公斤，还是会觉得事业有成的我非常完美吧？

我就算是皮肤松弛到无力回天，还觉得脑袋没有万分之一的松弛很完美吧？

我就算素颜时已到不忍卒睹的地步，还觉得拥有一个真心爱我的人很完美吧？

完美可不是别人说了就算，只要我认为不喜欢不爽的，我就觉得是不完美的。

我最爱什么，我就尽力使它完美，这就是一种态度。我可以爱我的人生、我的理想、我的钻石脑袋、我的真心、我的执著，而且是在"人生苦短、青春有限"的条件之下，还肯全神观注地去爱。

我当然也爱我的男人，愿意为他保持美丽妖艳，但这只是我在爱情里的投资而已，而对爱情的投资也不过是我胸怀广大的人生中的一部分投资而已。

人生无法完美，必然要有所取舍，男人或爱情得闪远一点，因为如果我没有人生目标不够爱自己，那么我宣称爱什么男人，也不过是纸上谈兵、风花雪月、纸醉金迷的空谈。我真的谈过那种恋爱，真是虚空到不行，连回忆起来都觉得比卫生纸还要逊。

年轻的时候，我们也不是对于妆扮自己毫无概念的，可是就对知识和智能这件事情超饥渴，所以觉得妆扮自己可以以后再说。年轻的时候，我们也不是对于寂寞那么有招架之力，可是就因为不想和太多无聊沾上边，所以宁缺勿滥地活着。

我的好友M当然自觉美艳无比骄傲，可是就因为更重视友谊和人与人之间的分寸，所以在朋友面前收敛起因为美丽而应得的嚣张。面对这种高傲的女人，身为朋友，除了奉她为女神还能怎么样？

并不卖弄自己俊美外型的男人，反而内求自己内在修为和工作能力的男人，呈现的是自己比别人所能见的更高的高度。在《辛德勒的名单》这部电影中，男主角对跋扈的德国军官说，你可以、你能够，但你不做，那才是权力。（我只是简单转述，并非真实译文。）

条件这件事情，只能决定你现在手中能够抓住多少东西。但高度这件事情，能决定你未来数十年能掌握的东西。条件这件事情，只能决定交换条件这种游戏的入场券。可是高傲这件事情不能交换，只能是看我爽不爽。重点是，你要对我的爽或不爽埋单，因为我不卖条件，如果我爱了你，你要觉得荣幸，因为曾有出更高价的人没有买到我的爱，你该感到荣幸。

至于我，能得到不出现于拍卖市场的稀世珍品，我也该感到荣幸。

女人要得到外在的好条件并不难，所有整形医师和专业保养品都可以给你一万个"明天会更好"的证据。可是女人要活出一种态度却不容易，因为你得要先忘记拍卖市场上最近流行的是绿色还是黄色，冷静听听自己，才能画出少数人欣赏多数人质疑的颜色。而这种画法并非一时，你还要用一生的努力去证明你的坚持是对的，你该做有信仰追随的粉丝。

就好比，不管当代流行什么颜色，仍然多用黄色调的梵高。

女人应该让自己活出精品的价值，你并非潮流时尚的追随者，你是创造者，而你活出的人生就要证明你的所言所行不傻也不蠢，你应该信仰你的子民，因为你为他们找到人生更好的可能性。

这是每一个女人都应该活出的态度。

21 是"剩下来"的人生？

还是"有结余"的人生？

曾有新闻报道过"剩女现象"，并且把各年龄层还未婚的女性分为几类，包括：

十七到二十八岁是"剩斗士"，这些人还有勇气继续为寻找伴侣而奋斗。

二十九到三十岁为"必剩客"，属于他们的机会已经不多了，又因为事业而无暇寻觅。

"剩者为王"是对三十一到三十五岁单身的戏称。

超过三十五岁的，则被尊为"齐天大剩"。

我自己应该是在"剩斗士"这个阶段跑去结婚的。在那之前，我已经对于"永远单身"作好了万全准备，而且颇认真地在想,身边有没有哪一个男性朋友的基因比较优秀?可以借个精子来生个优秀的小孩。当年认为全世界的男人差不多都烂光光了,有男人很碍事,既然如此,我干脆自己生养一个世界无敌的好男人。

和我家老公以"同居的方式"交往了两年之后,也没有特别想要结婚或不结婚,但我家老公的妈认为应该对女方负责,就下令结婚,而且动作迅速不拖泥带水,什么提亲、订婚、结婚……半年之内全部处理好。我佩服我的婆婆做事明快果决,超迅速的。

我家老公开心得不得了,但这一路下来没人问过我意见。(没有错,没有人下跪求婚,残念。)

我到底是想结婚还是不想结婚呢?我只觉得和这个男人在一起,大概一辈子都很放心,而且他保证婚前婚后我的生活不会有改变。

我家老公的保证果然是值得信赖的,他至今还不时记得自己说过的话,像做了什么成就一样颇得意地对我说:"你看吧,我的话都不是随便说说的。"

"不随便说说"的男人,这几年他的魅力有增无减。

我在结婚这件事上有点随波逐流,只是因为双方的家人都觉得这是件好事情、充满善意,我就觉得应该是不错。至于是不是可以嫁给这个男人,则是一点都不需要想的,因为交往时我已经慎重筛选过了。我觉得能爱的和能嫁的最大不同,就在于信任感,值得信任的男人就值得嫁。如果和一个人交往多年,到最后不确定能否和这个人结婚,其实把问题赖给环境或对方的家人都是自欺欺人,最主要的实情还是:这个交往对象本来就不行,你潜意识里的自我保护机制在劝说你别跳入火坑。

很多时候恋情不太顺利,就好像睡在一张不舒服的床上,只要换张床就好了,没有必要夜夜和这张床搏斗。你的人生没有那么多精力消耗在无数个失眠的夜晚,毕竟,如今女人白天也有很多大事业等待着我们处理的。

我相信这个世界上有很多像罗密欧与朱丽叶一样,很爱却不能在一起的残酷事实,但是真的没有那么多。如果两个人在一起,老为了小鼻子小眼睛的事互看不顺眼,那就已经没多少爱意了,所以彩色的已经变成黑白。"很爱"这件事情,有时候是给自己的障眼法,遮蔽自己去看见自己软弱、逃避或贪婪的事实。

"嫁不出去"这种话,在我结婚之前已经不知道听过多少次,但是听在耳里是没有感觉的。当年觉得结婚与否不能决定我的价值,所以别想用"嫁不出去"这种话来恐吓我随便去找个人结婚。

真正让我有点落寞的是，周遭气氛悄悄地改变……

当我二十二岁刚从大学毕业的时候，我的老板对待我就像对待小孩子一样，在我犯错闯祸的时候，还会关心我的心情。

当我二十三岁的时候，我从一个颇具社会地位的男人眼中看见如痴如狂的热情。

当我二十四岁的时候，我从许多年轻男人的眼中看见饿虎扑羊的冲动。

当我二十五岁的时候，男人们悄悄地收敛起眼中不经意流露出来的不理性。

当我二十六岁的时候，最后一次得到一个男人赞叹的恭维，而他的孩子都已经是大学生了。

二十六岁之后的人生，当然还是有男人持续欣赏自己，不过你知道，就是少了那种非理性的、如火如荼的热情，那种你就算哭着抽他两巴掌,他都还觉得你"太可爱"的热情。

不欣赏自己的男人,以前还埋单你的青春,堆起笑脸和你风花雪月,可到了二十六岁之后,他们的表现越来越理性……越来越理性,差不多都可以和你公事公办了。一度你还以为自己工作上的表现受到了尊重,其实那更像是一种冷淡。

你很想卖力地告诉他们,其实你的内心还非常单纯,你有别于那些势利眼的欧巴桑,麻烦他们对你继续多点让步、多点疼爱,可那些男人的反应就好像在说:关我什么事啊?

某个年纪之前,即使只想和你风花雪月的男人,结束之后还会稍微哄一下你的心情;某个年纪之后,那些男人即使正在和你风花雪月,火力也没那么旺盛。

而且很诡异的是,现在的美容整形都已经那么发达,女人看起来根本很难老得下去,可是男人的电波却比你直接亮出身份证还要准，随便一扫就知道年龄。不要以为男人很白痴，他们连你的流年都嗅得出来。

熟女们的姿色好过年轻美眉太多的比比皆是，可男人这时候又好像没那么重视外表了，他们就是宁愿醉倒在年轻美眉还不太风霜的气质下。

过去的女人追求年长男人的风度和社会地位肯定，说起来也颇不符合人性的，明明年轻的男人肉体就是比较好，只是比较没钱不成熟而已。可是谁在乎这个？他有能力爱我们就可以了。我们女人愿意生死相许的，不就是爱情这件事情而已吗？

现在的女人是比较有人性了，知道年轻的男人确实好过年长的男人，因此年长的男人也不需要老靠着装风霜或是摆阔那一套来加强他们的魅力了。

有人说，男人越老越值钱，可我一点都不这样认为。我觉得如果女人自己也能闯出一片天，就会逐渐不再被老男人的装风霜或是摆阔买单吸引，而完完全全地尊重自己身为人的欲望本性——谁不想要光滑的皮肤触感？谁不想要单纯可爱？

因此，如果说年纪大的女人逐渐被婚姻市场淘汰，其实年纪大的男人也渐渐好不到哪里去。

女人，在"齐天大剩"之后的未婚人生，究竟是"剩下来"的人生，还是"有结余"的人生呢？

其实我还是觉得，女人不必太看轻自己，把自己看成"剩下来"的"剩女"或"败阵下来"的"败犬"，我们应该从正面角度去想，经过了这三十五年之后，你的人生"结余"下来的究竟是什么？是一份值得发展的事业？还是一份聊以度日的工作？是青春的空白加上几段不堪回首的恋情？还是一个仍然追求幸福的姿态？是对于生活的失败已经渐感麻木？还是仍然期许相信自己的明天会更好？

　　女人也不必过度膨胀自己，觉得眼下再也没有匹配得上自己的男人。没错，你的学历够好、工作能力够强、老板够爱你，而且你的消费能力超好，但是，这些都和爱情没有关系。如果你还想要追求真正的爱情，就应该先承认：即使你如此完美，但你的爱情课程还没有修好，这是不可否认的事实。你的条件很好，但还不足以给你幸福、做梦都笑得出来的人生。

　　而你还要学习的爱情课程，是如何选择一个好男人，认识自己需要的男人是什么样子；以及一旦你拥有了适合自己的男人，又该如何去和对方相处、经营感情。这些东西，光是纸上谈兵听专家说是没有用的，必须靠自己一再尝试、了解、修正，再来一次。而在这一段坎坷无比的路途中，你必须坚信，不是"我要爱情"，而是"我要幸福"。

这年代，爱情很泛滥，有点情投意合的都能和爱情搭上边，一点都不值钱。真正值钱的，是相爱，是福祸共享；是你的苦恼就算没有说出口，我也要身先士卒地为你处理掉；是美女或帅哥都无法转移对方视线的一种执著。

即使世界上最好看最有钱的人，也不可能理所当然得到这些，因为"相爱"太珍贵，它不与贪婪交换，只换给真心。

如果你真的够骄傲，就应该追求真正的感情，而不是那些金玉其外、败絮其中的所谓好条件。

真正骄傲的女人是千金难买的，是除了真爱自己什么都不放在眼里的。男人无法用雕虫小技欺骗到这些女人的真感情。

有时候你需要学习的，是打破媒体给你的虚荣形象，更尊重自己的人格一点。虽然承认这个事实并不容易，但如果你追随时尚杂志的说法，得到了一切还不快乐，那么你应该试着撇开别人无聊的眼光去承认：你最想要的，是有个人可以光明正大欢天喜地地牵着你的手，向全世界诏告他最爱的人是你，此生除了娶你没有更重要的事情；你最想要的，是有个人可以在你哭泣的时候无法自私地快乐；你最想要的，是有个人可以在你得到成就感的时刻为你感动骄傲；你最想要的，不是那种开着灯看得到脸才能令你兴奋的俊美男人，你就算闭着眼睛一样可以为他而兴奋。

你最需要的，是有一天可以写信给我这样的两性作家，一吐为快地说：你说的那些方法都没能帮助我找到真爱，但我凭着自己的方式找到真爱了。

如果一个女人失去了对真爱的希望和热情，失去了对真爱的敏锐度（只被俊美和多金这两个鱼饵牵着鼻子走），那么无论她是二十五岁还是三十五岁，对她来说，接下来的人生都是"剩下的"人生；如果一个女人总是能打起精神来追求真爱的可能性，拥有真爱的敏锐度，那么无论她是五十五岁还是六十五岁，对她来说，接下来的人生，都是"有结余的"人生。她大可以运用过去人生经验的美好智慧，为自己创造更有看头的感情生活。

就算你要死，也要死在真爱自己的男人怀中，不用死在那些风花雪月逢场作戏的演出里。至于是真爱还是风花雪月，不必诠释太多，你能放心的地方，就是真爱的所在。

最后我想借这句话结尾：

人生不谈亏空，青春尚有结余。

加上我自己的横批：

剩女靠边站，活好给你看！

22 别当求爱的女人

通常女人如果不确定男人是否爱自己，那么事实就是：这个男人真的不爱你，至少绝非你想象中的那样爱你。

通常女人还在要求男人为他做这个那个，订立一大堆规则要男人去遵循，那么事实就是：这个男人真地还蛮不爱你的。

你的第六感已经感觉男人没那么爱你了，所以赶紧要求男人飞天遁地以行动证明他有多爱你；可这个时候，无论这个男人做得如何到位，你的内心还是觉得爱得不够。

结果你可能要把男人烦死了，就算不想死，也跑了。

就好像人在贫穷的时候特别想做些事情，假装有钱人。在爱情里不满足的女人也是这样，总需要非常多的证据来证明自己正在被爱着。当你开始需要许多爱的证据时，也许你的内心深处正在发出警报告诉你，这个男人是不爱你的。

你或许可以求到还没想分手的男人为你做一些事情，但是绝对求不到他对你如火如荼的真心。

是的，就是一种如火如荼的真心。即使他什么都没做或做得很差劲，但那火热的真心就好像在他的头顶燃烧一样，就算你瞎了眼也看得到。

真正在爱情里的男人，没有更多行动可以证明自己的爱，只有火山爆发般的一腔热血。

你在心里看不见的东西，在眼睛里也是看不见的。如果是你的心里已经看见的东西，你的眼睛也可以找到证据。

找到一个愿意做牛做马的男人一点都不稀奇。愿意做牛做马的男人其实很好找，只要他活得恍惚一点、没有自我一点，他就很好使唤。你以为男人做牛做马就是很爱你,其实他只是习惯这么要求自己而已。

乞求着男人多爱自己一点并不会快乐,即使你对这个男人吃干榨净了,你还是感受不到那种如火如荼的真心,你的内心还是非常的空虚。

别小鼻子小眼睛地看着男人能给自己什么好处,使尽力气圈住一匹野马,到头来弄得自己面目狰狞、吃相难看。做女人要挺起胸膛,骄傲、大气地向前走,你要疼爱自己如黑夜里的北极星,成为男人的坐标、男人的方位,让这匹野马日以继夜、如火如荼地往你的方向追,而你,从不给他项圈,他才知道要紧紧跟随,免得跟丢了。

至于没跟上来的那些,就忘了他们吧,你要转过头去洒然一笑,再帅气地继续向前奔驰,你对生命的一腔热血,可以孤独、可以和追上来的人共同驰骋，没理由栽在那些"习惯对谁都做牛做马"以及"十个项圈也拉不住"的男人身上。

23 你是谁想保护的人

对于多数男人来说，爱情是什么呢？我想，多数男人概略的回答是这样的：那是一种感觉。

要再追问到很实在的感觉成分，男人大概能说得上这些：

漂亮。

聪明。

身材很好腰很细胸部很大。

温柔。

可爱。

如果这些条件都有个七八成，大概就能把男人的"爱情感觉"组装起来了。

只是到最后，男人都撑不下去。爱情的感觉后继无力，从来不持久，所以男人逃跑了、劈腿了、喜新厌旧了。我想他们大概也不喜欢这样，毕竟爱情里的改朝换代真的是很麻烦的事情。

但男人真的是感情上很不持久的动物，短到有时候只要看到女人卸完妆，他们的热度也就结束了。

有一天电视上说，人的右脑控制情感，能够分泌什么酶之类的，所以约会的时候如果走在对方的左边，就能够发挥强大电力，让对方对自己更心动。

看完报道，我偷偷地上楼问我家老公，他喜欢走在我的右边还是左边？

我家老公想了一下说：不一定耶，看马路在哪一边，我就走哪一边啊！

我曾经见识过一些老派男人的行为模式，如果站在第三者而且用漫画的眼光来看，是非常好笑的。例如说，每天醉生梦死的男人逢人（只要是能呼吸的人）就哭诉他的责任和压力都很大。可是你稍微检视一下他每天的生活就很不解：这男人白天都在打高尔夫球，晚上都在醉茫茫，三天两头往酒店跑……之所以能活下去完全是靠家里没怨叹过的那个女人。到底他是在"啰嗦"什么？

真的，一开始确实认真地想过他的痛苦点，可最后连我这么善解人意又很重视他人痛苦的人都想不出来他的痛苦在哪里。后来总算努力想到了一个，我觉得他最大的痛苦应该是面临需要变性的问题，因为如果他以男人的姿态活成这个样子，应该很难被这个雄性社会接受，所以我认为他最大的解脱方式就是去变性。

既然无法变性又自觉无法被雄性社会接受，只好日复一日地花钱找女人，见证一下自己的雄性特征还在，明天还有脸出去和其他男人作战。当然并非所有老派的男人都这样。我也曾经见过从早工作到晚支撑起一个家庭的男人，回家因为心疼"一整天在家没别的事情，只煮了一顿晚餐"的老婆"太辛苦"，所以说什么也非要回去去洗碗、切水果伺候不可。

然后你听到的总是他在感激另一半跟着他有多辛苦，从没有享过福，从来没有听到他为自己"唉"一声。（当然他身边的女人各方面的付出和支持也是非常到位的，如果不到位他还做成这个样子，那这个男人就是脑残了。）

我想了很久想不通，后来有一天总算想通了，姐妹们请认清一下，这才是正牌的大男人。这种男人因为认为自己无所不能而且自我要求又高，所以也认为自己应该负担起一个女人的幸福，没有理由，没有借口，所以他的人生都在自我要求和努力着，所以他的各方面能力会与日俱增。

这种男人才有资格进入比较长短和大小的竞赛。他自己能肯定自己是个顶天立地的男子汉，不需要通过花钱找其他女人服务来确认自己的雄性特征。我曾经在公园里见过一个小学男生，他看到一只和自己差不多大小的狗狗摇摇晃晃地走到他的面前，顿时吓得脸色大变，而旁边的女生则毫无畏惧地走向大狗，摸狗的头，狗狗发出轻声的怒吼。

小男生见状，深吸了一口气，一个箭步踏到女生面前，面对那只大狗，对那女生说："你这样不对啦，要摸狗狗的下巴，才不会生气。"

接着我看见他伸出颤抖的手，怯怯地摸了狗狗的下巴。狗狗安静了。

此时女生很崇拜地说："真的耶！"

然后我看见那小男生露出得意的笑容，没再发抖了。

我曾经见过一个从小到大看到蟑螂就崩溃逃跑，要叫妈妈、姐姐或阿姨立刻到场处理的小男生，在遇见了一个自己想要保护的女孩之后，反应却让人跌破眼镜。

我真的不知道他何时开始出现这样的勇气，竟然可以和蟑螂先生正面对决！（我家老公是菩萨心肠，他只会活捉壁虎扔到门外去。）

你看，这就是女人在世界史上重要的地位——如果没有那些英雄们心爱的女人，英雄就会一直是狗熊。

对于一个男人来说，有没有一个自己想要保护的女人很重要；对于一个女人来说，有没有一个想要保护自己的男人很重要。

一个一心只想保护自己女人的男人，即使很渺小，也会努力使自己壮大，因为一腔热血的爱情每天督促他要活得更健康、事业更有成就、人生更圆满更稳定成熟。为了保护他所爱的女人，他会练就十八般武艺,此后的人生不容易失误。就算失误,他也可以四两拨千斤解决。

一个想保护自己男人的女人,即使很迷惘混乱,即使瞎了眼,即使在一片黑漆漆的海洋中迷失航向,也会本能地爬回令自己感觉最安全的地方。(当然女人如果太笨,不会给自己找好地方,那我就不知道该怎么处理了。)

于是,生死相许不需要承诺,因为这份爱情的存在与否就是生与死的差别。

我觉得,被别人想要保护的感觉比被别人为你倾倒还要可贵。毕竟,如果男人的膝盖本来就很软,只要遇到脸蛋正、胸部大的女人就会倒下去,那么他的倾倒实在不值一文钱。而且我不想要男人为我倾倒。我觉得男人本来就不可以说倒就倒。在我面前倒下去,除非有正当理由,不然我会很想一脚踩过去。

即使只是保护自己的心意也是弥足珍贵的。男人觉得自己够强壮，想要给你一点你没有的，这样的男人从来都不会走到失败的人生。

我最近肯定了自己不是一个笨女人（以前非常喜欢唱李玟的《美丽笨女人》），因为回想起自己曾经不管是热恋还是暗恋的男人，都曾有过保护我的心意。

一位非常绅士但不喜欢我的男孩，在被别人看见收到我的情书那一天，为我送来一个热腾腾的烧仙草，附上一个阳光般的微笑。那是一个连我妈都觉得没得到太扼腕的男人，他这几年的幸福和幸运让同侪嫉妒得流口水。

一位曾经为了避免我的香奈尔高跟鞋踩在水里，而将我轻轻抱起的男人。

一位能在我沮丧悲伤的时候，把他的嚣张和自信分享给我的男人。他总有能力让我破涕为笑。

无论在这些爱情里曾经出现过多少痛苦和伤害，可直到你得到幸福的这一刻，仍然从不否定的男人。

因为能付出，他们不会失败，他们有能力不让自己失败。所以数年之后，你会因为能够爱过他们而感到非常骄傲，会觉得自己简直太有眼光了。

无论是否拥有爱情，能够拥有自己想要保护的人，不管对男人或女人来说，都是最重要的事情。

因为我们本来脆弱、渺小，从来不堪一击，只是为了那些我们很想给幸福的人，我们把自己的不幸缩小，把自己的能力壮大，壮大到可以去拥抱这个世界，不再有棘手、难堪或东倒西歪的事情发生。

或许，给自己一个想保护的人就是终结人生所有悲伤并迈向幸福的起点。

当然,你的眼光要好,别太脑残。放任自己的不幸就是培养对方的无能。

24 爱和奴

今天看《大学生了没》（台湾电视节目），看到"爱情奴隶"这个主题，觉得很有趣。

假如"爱奴"这种人有个评量表格可以勾选，那我至少可以在"随传随到"这个项目打勾。这是我很坚定的奴性，从以前到现在。

这让我想起最近发生的一件事情，不过我没有什么好或不好的评价，纯粹联想而已。

我的朋友说，每次他停车找车位的时候，都很不爽他的女朋友冷眼旁观，就忍不住动怒说她怎么都不帮忙。我想她的女朋友当下一定觉得很冤——我是要怎么帮才好啊？

我了解那种大男人的心情，因为我老爸就是这种男人，所以我研究了至少三十年。（我决定不要继续泄露自己的年龄了。）

这些男人其实觉得自己当下很狼狈、很可怜，但他所重视的另一半好像没把这些放在眼里，所以令他感觉孤独。在这个时候，女人可能会很不爽，但我们要注意以下这个事实：这个男人很重视他的女人，觉得他的女人应该要体会到自己当下的狼狈与孤独，给点什么陪伴之类的，可是这个女人却忽略了。说到底，他要说的真心话是：你怎么不够爱我啦？

大男人就是不可以让自己处在一个最狼狈的状态，所以身边随时要有个可以让他踩的女人。如果你爱上了一个超级大男人，一定要有雅量和自信，愿意让自己表面上看起来不如他，舒缓他其实无法表达的失落和不安。

朋友的话让我想到类似的场景……很多大男人听到我以下的行为大概会骂"三字经"。

每次我家老公停车的时候,我在旁边"袖手旁观"也就算了,如果他停车时还点上一根烟,我会火很大!

"你为什么停车要停那么久?你不知道天气很冷我想要赶快躲进餐厅吗?"

(夏天的时候就是,你不知道天气很"热",我想要赶快躲进餐厅吗?)

然后我家老公就会满脸愧疚地说抱歉,赶快熄火带我进餐厅。

在两个极端的对照之下,我突然发现,为什么我以前那么不得男人疼了。想也知道,大男人光是听我讲话都会吐血,逃跑都来不及了,还爱呢?

他们总是在炫耀自己的时候突然被我泼冷水;或是当他们想要好好"教育"我的时候,错愕地听到我很认真地和他们思辩其中的真理。

我对男人的要求真的很简单，实质上要求的是责任感，表现上只有一个——不可以骂我。在我第一天决定和我家老公交往的时候，我唯一的条件就是：无论我做错什么事情都不可以用大嗓门或难听的话骂我，因为我会吓倒。

你也知道，我们这种从小到大都受到师长们无限推崇赞美的学生，就是受不了一点点否定嘛！

还好我家老公的家族刚好都没有那种基因，所以说我的要求对我家老公来说是没有门坎的。

有人一开始就铁口直断，我们家老爷必然从此水深火热不得翻身地被欺负，但实际上并不是这样，我还是在当爱奴。因为我是大女人，我不是爽爽享受男人伺候之后就开始呆滞的女人。

例如，当老公因为尾牙被灌了两杯酒之后，我就会火速搭小黄的车到达现场护送他回家。

例如,当我周末很想要和朋友去Happy之前,必然先问过老公的行程和"是否那段时间会太无聊"的心情。

例如,我总是会尽可能让他下班到家之后,第一眼看到布丁,第二眼就看到我。

例如,在婚前他曾经为了不妥协一些工作上可能涉及违法的事情而自动失业半年(这表示没有什么失业救济金可以领),我也是一肩扛起家计,虽然说我可以直接甩掉他。

例如,当他婚前暴肝健康亮红灯之际,我的亲朋好友都在劝说考虑甩掉他,而他的不相干长辈还在要求我结婚一定要拿香拜拜的时候(那是比杀了我还要严重的要求),我还坚持日夜蜡烛两头烧照顾他。(女生真的不要太介意那些无关紧要的长辈,因为你以后真的不会经常见到他们。)

我想我的"奴性"真的很严重。

可是，对这个男人，很值得。

其实，每一个人都是程度不同的"爱奴"，只要你真心爱一个人就很难不当奴隶，因为在付出的过程中，没有人知道界线在哪里。

不过，有时候爱奴行为表达的并不是爱，反而是一种冷漠。

我一直相信，人类具有向好的道路前进的本能（说穿了就不好玩，就是自私啦），所以大多数人踢到"没有被爱"这块铁板的时候，大概都会收手了。可是如果你没有收手，硬要超越自己的忍受能力，究竟是为了什么呢？

其实就是，你并不爱他。他也感受到了，所以不会爱你。

如果你没有看见这个人灵魂的好，如果你只是想要拥有她的美或他的帅；如果只是贪图他的财富地位，贪图她的好处。

为了满足欲望而进行的付出叫做投资，你会疯狂地投入，只看见获益，就像彩券无论杠龟多少次，你还是继续买下去一样。可是为了爱而付出的才是付出，你的付出可能不求回报，但一定期望他能更好，而为了期望，你除了付出还有要求，就像你的父母除了付出给你金钱之外还会要求你好好过日子，还会干涉你的工作和生活。

付出或奴性只是爱的一部分，真正爱你的人，最重视的，还是你能过得好。

只付账单却不过问账单由来，是奴不是爱；只言听计从却不为对方着想，不为他做更多他想不到的事情，是奴不是爱；只被随传随到却不知道对方真正要什么的，是奴不是爱。有时候我们必须很惭愧地承认，我们或许一点都不爱那个人，我们只是想要占有他们，而想占有的原因很肤浅，就是如同想要拥有一个名牌包一样。

男人不从,也许他们早已知道自己会被用过即丢,所以绝对不爱你。

爱情的真实面是灵魂,灵魂总是说实话。

为占有而奴和为爱而奴,它们是有很大区别的。我想,如果女人要终结自己爱奴的命运,就必须诚实地想清楚,你所爱的究竟是谁?究竟是一个什么样的对象?有没有可以长久吸引你的高贵气质?

是拥有对方并在他身上标上"我的男朋友"就有好的欲望?还是要努力让对方未来有更好的心意?这是女人在当爱奴之前要先对自己负责的问答题。

25 灵魂伴侣

关于"灵魂伴侣"这种事情，我是没有想过的。没想过的原因是：人的肉身已经很不自由，眼睛、鼻子、耳朵、嘴巴要应付很多人了，所以帮帮忙就让我的灵魂可以自在一点，不要有个人如影随形跟着似的。

所以以前当我的朋友们用梦幻的眼神诉说着他们所向往的"灵魂伴侣"时，我都难以感受那种心情。

所以当我听见有人为了男朋友读不懂她所爱看的冷门书籍而确认了对方绝非她的"灵魂伴侣"时，我也无法理解。平心而论，有几个人认真读完《尤利西斯》这本书，并且能由衷地赞叹它好在哪里？

"灵魂伴侣"的定义到底是什么？对我来说真是个谜。

这个名词很久没听人提过了，直到前几天一群人讨论事情，绕回到了这个议题上。

"生活伴侣和心灵伴侣，你选哪一个？"

我愣了很久，把眼光投向我的帅哥合作伙伴，让他先回答。

"生活。"未婚的他说。

"生活。"已婚的我接着说。

但我相信这并非我们全部的答案。全然的生活伴侣并不难找，一个言听计从的家务机器人就可以胜任，不是吗？

但到底怎样才称得上"灵魂伴侣"？

我认识一个很有才华的男生，拥有一个令人惊叹的脑袋，从这个脑袋里出来的文字和语言总是见解独特，诠释优雅。最重要的是，我们不但热爱而且理解彼此这颗"冷门的脑袋"——话不用说完就了解彼此的意思，然后就哈哈大笑了。直到现在我还非常怀念过去他形容剖析一些政客的心思有多精彩!

这是某种程度上的"灵魂伴侣",但无关爱情。

你知道,太美的人就像是在洁净橱窗里打上好几盏苹果光的美丽衣服,你就是不忍心从橱窗上拿下它们,正视它们实际上的剪裁是否工整、色泽是否好看、缝线是否对称……你宁愿拥抱着它们在橱窗里那最美丽的一瞬间。

无法接受的事实堆积成山,如同大荒漠阻隔在"灵魂伴侣"境界的前方,以我的体力实在爬不过去,所以没能走到"灵魂伴侣"那一步。

不是"灵魂伴侣",却是爱到灵魂骨子里的人。

后来也遇过几个宣称能成为我的"灵魂伴侣"的对象。

我必须再三对他们解释:实际上我对某些事情没有意见,我看不懂村上春树的书,而且其实我还蛮能和你讨论松岛枫和苍井空的身材。

大概因为怪异，使得我失去了拥有所谓"灵魂伴侣"的机会。

我家老公究竟是不是我的"灵魂伴侣"？

有一天，我的好友A警告我别在博客乱写，小心会被我家老公看到。我说他根本不会看。A不相信，她认为他只是让我以为他不会看而已。

我能理解A的逻辑，因为我们身边根本从来没出现过像我家老公这种近乎阅读障碍，加上阅读恐惧懒惰的B段班生。

"我为什么要看？你不是都会告诉我发生什么事情了吗？"他说。

有时候他会对着焦虑的我说："不用担心啦！我还有干净的衣服可以穿，因为我最近同一条裤子都穿两天……"

有时候他会故意刚放完屁之后，马上冲过来抱紧我……

我该说这样的人是"灵魂伴侣"吗？

只能说，光是"灵魂伴侣"这种单一条件是无法实现爱情的。然而，没有灵魂只有生活，那好像也谈不上爱情。但是，有生活有灵魂却没有肉体欲望，那也很残念吧？

其实，把爱情拆成条件来看，各自独立，根本都不是爱情。而各自完美的生活伴侣、灵魂伴侣或情欲伴侣，说到底也只是完美的某种伴侣，都不是爱情。真正的爱情来了，你根本不能去解释它到底是属于肉体的还是灵性的，是吃饭的还是谈情说爱的。

很显然，我家老公的表现没有足够说服力让我说他是灵魂伴侣。可是我很不服朋友只认定他是我的生活伴侣，因为他不但了解我，并且非常包容疼爱我，如果没有触及灵魂深处，这些是办不到的。

但你知道，要是你有过一次太严重的感情事件之后，后面的这些对象好像总缺了一点被爱的正当性——对于了解你恋爱史的朋友们而言。

我最近想到一个说法可以找回这个正当性了。我想，这话一说出，应该也不会有人再多所置喙。

如果有人再问我究竟爱这个看起来像土蛋的男人什么……

我会说——

他——很——猛。

26 男人,该不该管?

周一接受杂志采访,访问主题是"驭夫"这件事情。

其实我对"驭夫"这两个字有本能性的反抗,不过我的出版商就很爱这类书名。我想这大概是因为大多数女生都对于男人有一种无力感吧。

男人有诸多和女人不同的思维和习惯,以及行动上更奔放自由的荷尔蒙。尤其是最后一个特质,总让女人又爱又恨。奔放的小公狗很吸引人(我超爱陶子在新书中对于二十多岁男人的建议:尽情去玩吧!小公狗!),可是当他不乖到让人难以控制的时候,你又非常想要一刀宰了他。

女人对男人的期待是:多么渴望你就是一只能引爆我狂野激情的小公狗,但又期望你深情温柔只听我的话。但这样的期望总让有诚意付出的男人逐渐精神分裂,并且使女人自己也陷入一种自找苦吃的困境。我想,所谓的"驭夫",应该是根据女人这种紧绷的期望而产生的商品。

好啦,要谈"驭夫",当然是要先谈谈老公曾经有过什么令自己极度不满的坏习惯或差劲的行为、性格,接下来,你才能谈自己是如何化腐朽为神奇地改变他。

我在第一个问题就卡住了——"令自己极度不满的坏习惯、差劲的行为或性格",我想不出来,说真的。

"好比说乱丢脏衣服或脏袜子这种坏习惯?"问题一。

"有。"我说,"可是我不在乎,我自己顺手捡到洗衣篮去就好了。这没有什么好纠正的啊!"

"不爱洗澡?"问题二。

"有。尤其是夏天的时候,连续两天不洗澡,真的非常恐怖！"我说，"可是我不是很介意，他自己能忍受就好。"

为什么不洗澡？因为人就挂在电脑游戏前面一动也不动，像雕像一样。你看着他那自得其乐的样子，哪里忍心请他移动尊驾去洗澡？

这男人一下班就打电话跟我说他下班了，然后就回家了。除了偶尔老板强势邀约的公司聚餐之外，他下班就直接回家。如果一定要挑剔这种行为有什么缺点，那就是：害我也不好意思晚上出去鬼混。

老板强势邀约请喝酒去酒店，他就更强势地拒绝。他从来不觉得多摸女生两把是有赚到的感觉。至于喝酒嘛，不喝酒的他只要不管我喝酒这件事情，我就要偷笑了。

我开始有点苦恼，到底我有没有在管老公啊？为什么别人都觉得我把老公管得很好？可是我到底介入了他什么样的习惯呢？

肠思枯竭了好一段时间之后，我终于想到我还颇成功地改变他一件事情，那就是饮食习惯。

我不喜欢他热衷于披萨、麦当劳、面包、饼干这类食物，以我从小到大老妈每餐必亲自下厨煮"当日市场现买的新鲜食物"的偏见来看，麦当劳那些食物都叫做"只能吃饱，却完全没有营养，只有负担的食物"。一开始不喜欢也没有办法，你就看到一个男人只要路过麦当劳就两眼发直那样子，吃到超级无敌大麦克就满脸比当新郎还要幸福的模样，于是只能心软得举白旗投降。

直到他检查出脂肪肝，加上体重破百之后，我觉得再这样下去我会很早当寡妇，所以不介入他的饮食习惯不行。

我介入的方法很直接也很烂，就开门见山地告诉他，我不想年纪轻轻就守寡，而且我必然找不到第二个能忍受我的男人了，所以请他非保重不可。

然后每天亲自下厨做早晚餐。男人看着老婆围着围裙在厨房里做菜性感的样子（一定是要打扮得随时可以出门的完整模样，而不是夹着沙鱼夹灰头土脸），幸福感指数破表，不买单都不行。

因为多半是蔬食再加上手艺不佳，因而食物不怎么可口，所以他食量大减，体重就下降了。

虽然不是我的目的，但他没有我跟着是不会自己出门的。道理很简单，因为一直以来，只要他需要我的时候，不管我工作忙到是否快断气，还是得熬几个晚上才做得完，我仍会假装没事样陪他出去玩。

不管他说的话题多么令人昏昏欲睡，而我的脑袋已经被大量文字塞爆了动弹不得，我还是会想办法挤出一点硬盘空间，来跑他话题里的程序。

最重要的是：总结他身边所有的亲朋好友，没有人比我更好玩更会玩的了，没有比和我在一起更有趣的事情。

没有错，对他来说，我就是一种毒品。

我想任何人应该都一样，如果有个地方能让他感觉最放心最快乐，那他一定是赖在那里不走的。

虽然这样说很恶心，不过我做的事情也不过就是爱他而已。其实我做比较多的是管好我自己。男人虽然爱玩，但还是有基本羞耻心的动物，如果女人管好自己，男人看了也不会太放任自己。我是说，假如这个男人还有基本羞耻心的话。

我看过市面上的驭夫术几百种，其中最不妥的就是"跟着男人一起烂"，也就是说，男人出去玩你就跟着出去玩，男人乱来你就跟着乱来，逼着他一定要跟你"将心比心"。有不少男人都对我说，如果是这个样子，大不了就是结束已经烂在一起不再有美好希望的恋情，另起炉灶重新开始的日子也比较愉快点（既然已经成为你眼中的烂人，不如去当十八岁美少女的国王）。他们会选择让爱情的归爱情，让人生的归人生，让这个女人成为他记忆里一段美好的故事就好。

比较高明的就是玩心机撒娇这一套，你不但要了解男人，还要精准地掌握timing，在该落泪的时候精准地落下两颗珍珠般的眼泪，抽动男人的心脏神经，然后再强颜欢笑地收回来，不多说一句话，就可以把男人融掉。成为男人难以捉摸的女人，就会挑动他的好奇心一直往前进。重点是：永远不和男人交心，只要丢出一颗一颗烟幕弹，把男人困在十里迷雾当中。

所谓的"驭夫术"或是"管男人"，在我听来都是非常悲伤的事情，因为在这些过程中，你必须切割和心爱的人同心同意的那条线，也就是说，虽然表面上那是你爱他、他也爱你的人，但实际上你却必须理性地（有时候把他当做小偷强盗或公狗）把他看成某种低等生物来对待、管制。这样的爱情令人感到悲伤。

而我的疑惑是，如果一个男人那么轻易就被"驾驭"，成为某个女人的"爱奴"，那么这男人的能力也未免太弱了。而女人真的会爱一个能力很弱的男人吗？

和一个能力很弱、自我意识不足、心灵能量不强的男人在一起，会有幸福可言吗？

我从来都把男人当成国王：这是你的江山、你的领土，你是要让它风调雨顺、国泰民安，还是要它割地赔款、民不聊生，你自己决定。如果你有本事酒池肉林、三妻四妾、醉生梦死、乱七八糟，还能让这个国家欣欣向荣，那算你有本事，我还是敢继续爱你。

如果你搞砸了江山，我会自己活得好好的，然后看你是否有痛改前非的诚意和能力，再决定要不要罩你。

关于管男人这件事情，我要呼应陶子所说的小公狗理论。无论是二十多岁、三十多岁、四十多岁还是一百岁的男人，任性奔放的小公狗还是最迷人的，尽情去玩吧！小公狗们，玩出你生命里的活力，玩出你无坚不摧的斗志，再为自己的人生玩出一张漂亮的成绩单，玩到让许多女人争先恐后地想要嫁给你，而你可以完全地拥有自我，意志坚定不为所动地弱水三千只取一瓢饮。

最后，我要以我认识的爱情女神说过的话做结尾：管男人？有什么好管的？

27 第三者

第三者究竟是一种什么样的怪物呢？是否如同戏剧和传说中那样具有独特魅惑的力量？青春？魔鬼身材？天使脸孔？充满心机？性能力或性技巧高超？

而爱情，是否如同竞技场一样，胜者为王，败者为寇呢？如果这是一场争夺战，那么能够把一个女人从后位上踢下来进而取而代之的女人，必然有三头六臂吧？然而，这真的是女人和女人之间的战争吗？

曾经我们必然都信誓旦旦地宣示过，绝对绝对，不要成为那样邪恶的女人。我们宁可放手，宁愿孤独，宁愿如何又如何，也要坚持善良的成人之美。

但爱情里是没有什么成人之美可言的。要成与不成，看的也不是第三者的意向。

她是一个非常善良老实的女人,却当了两次第三者。她没想过要占有谁的领土,却都卷入战争。

第一次是她的初恋。她太爱那个男人,所以即使有那么一点点机会可以和他在一起,她也是付出一切在所不惜。

于是那天晚上,她突破了第二者的防备,和男人在一起。

这应该算是一场胜利。但,果真如此?

结束之后,男人接到第二者的电话,对第二者交代了虚假行踪,匆匆离去。她心跳狂乱,却冷静地道别了他。

不久之后,第二者和男人闹分手。男人心急如焚,竟然打电话要求她对第二者说明,请第二者不要和男人分手。

她太爱这个男人,舍不得他的心急如焚,竟然真的打电话给第二者,以"男人的朋友"的立场对第二者说,男人真的很不舍她，真的很爱她。打那通电话的时候，她全身发抖，脑袋一片空白。

她的朋友都说她简直疯了。

她真的很笨很傻，就是白痴一个。

男人和第二者没有机会继续，不过她也没有成为第二者。她依然爱着那个男人，幸运的时候，成为第三者，不幸运的时候，成为第四者或第五者，到最后事实是什么，她也没有勇气搞清楚了。

很多很多年以后她终于明白：在爱情里，只要退了最重要的那一步，就注定退到无路可退的地步。

第二次她成为第三者是被蒙在鼓里。男人声称和他的现任女朋友刚分手，但女朋友不想放人，一再纠缠。这是她的世界里极少出现的大谎言，所以她相信了。

接着就是第二者的骚扰电话和咆哮,以及令她真假难辨的悬疑戏码。那是一个她不爱的男人,只是一个追得很勤的男人。她莫名其妙地成为第三者,莫名其妙地接受了一场谎言与真实的血淋淋的洗礼。

不久之后,她尝到第三者的苦头。当时的男友和她冷战了两天之后,她去他的住处找他,在冬天的寒风里苦等了几个小时。终于,她看见男友拥着一位女性正面朝着她走过来,和她错身而过。当下她错愕地、下意识地往前奔跑,一直绕过街角才蹲了下来,放声大哭。

男人赶紧回头找她,绷着脸向她解释,又无限温柔地呵护她。

原来,她认为的冷战,是他以为的分手。

或许男人也只是不想背负辜负谁的罪名,所以和她继续假戏真做了一个星期。一个星期之后的某一天,她清晨打开电脑,收到男人的分手信,内容残忍得令她自己都不忍心看,只好转寄给朋友请她帮她看。那天她缩在电脑前,一整个早上,动也不动,只是流眼泪。

也不是很爱的男人,只是分手分得太残酷了,重创了她。

她也拥有过第三者。那个时候,她正处在一段不伦恋情当中,极度渴望重返正常人生轨道。而就在这个时候,看似能够给她正途的男人出现了:没有婚姻,没有女友,有正当职业,性格细腻体贴,而且胸膛宽阔。

于是,她背着不伦的第二者,和第三者悄悄展开恋情。

第二者透过朋友很快地就发现真相。就在她还在决定要不要和第三者正式在一起之前,第二者选择和她一刀两断。没有报复,没有抱怨,语气冷冷的。她心里明白第二者是真的很爱她,可以将恨她一辈子。

第三者究竟是什么样的面貌?其实她很明白,因为她的爱情是从第三者开始。

如果不要把人想得那么邪恶,如果不要斟酌各种现实目的,如果只单纯地从爱情看待,那么所谓的第三者,也只是正常爱情中可能发生的一种状况而已。

如果是真心爱着第一者,那么第三者对第一者绝对没有什么胜利可言。因为她的快乐与满足不就是来自于第一者的快乐与满足吗?对第二者"赢了"的胜利感其实是没有的。事实上,在第三者眼中,第二者的存在与否根本不重要。

第二者也没有什么胜利或失败可言,因为当一个男人不再全心爱你,那么你所得到的也只是倒数计时的爱情。

至于第一者,拥有那么多人爱的第一者,真的很得意吗?至少她从不那样感觉。因为当她的心离开第二者的时候,她全神专注着的是第三者给她的快乐与满足。

或许在纯粹的爱情世界里根本没有战争可言,但谁都得有最大的包容心来承担不再被爱的危险。爱情原来是这么痛苦的一件事情:尽管情人眼里容不下一颗沙粒,却必须强迫自己包容再包容、爱更要爱得宽容,才能保住属于自己人生的圆满快乐。

然而,太包容的爱情是无味的,也会令你失去爱情。几年之后她提起这些前尘往事,对我说,或许当年初恋情人对她如此残忍,只是想要激起她的占有欲与注意力,好让他感觉自己不是那么可有可无。但是她没有那么做,她只是为了爱他,为了他的快乐而让出了所有宣示主权和嫉妒的权利。直到如今,她仍然对我说,如果可以满足他现在恋情的占有欲,且令他更专注地被爱,她还是愿意抱着如同当年打那通电话的心情对那现在应该幸福的女人说，那男人从来没有爱过她。

　　第三者究竟长成什么模样？也许谁也找不到确切的条件或指标。但是，在爱情面前，第三者和第一者或第二者，其实都是一个样子的，谁都是被爱掌控的卑微灵魂。

28 真爱和外遇

你看，这两件事情放在一起谈多么不谐调啊！真爱和外遇究竟有什么关系呢?

可是当人们深陷其中的时候，就会忍不住将两者混为一谈。像外遇这种单纯的情欲活动，如果没有加上"真爱"旗帜的赞声呐喊，那么就好像食物没有加盐，做爱没有高潮一样。或是，非要把单纯的情欲活动合理化，好让自己安心，也要拿"真爱"自欺欺人地当挡箭牌。

可见，虽然外遇是一件难以抗拒的事情，可是能打从心里认同自己情欲自由的人还真不多——这是女人。

男人就不一样了，男人都会逢场作戏，但是入戏多深只有他自己知道。

认识Kitty和Danniel这对情侣大约十年了，而认识他们的时候，他们已经交往了九年，一直到我认识他们的时候，两个人还是非常恩爱。之所以称呼他们是Kitty和Danniel，就是因为他们看起来时时刻刻都很甜蜜。Kitty对Daniel很照顾，连Daniel加班时都来陪他，而Danniel总是根据Kitty的意见作任何决定。

后来Danniel买了房子并且和Kitty结婚，房子也登记在Kitty名下。Danniel不但人长得帅，又温柔体贴专情，让很多女人流尽口水，而且连我们这些路人甲乙丙都觉得Kitty真是赚到了！

但是结婚不到三年，两个人就以离婚收场。理由很简单，就是Kitty遇到了"真爱"，所以老公不要，房子也不要，就是要追随"真爱"而去。Danniel万分痛苦了好几个月之后，最后终于忍痛签下离婚协议书。

Kitty的行为惹来两人朋友的非议，说她太无情且不知好歹，大家每周末轮流陪Danniel吃饭，帮他骂那个不知好歹的女人，以及那个没有羞耻心的外遇第三者。

外遇第三者声称会娶Kitty，这点我是很怀疑的。因为我对于这个父权主义社会所豢养出来的男人不具有信心。即使女人再讨厌男人父权至上的思想也没有用，要男人不吃干抹尽地占尽这点父权社会给的优惠，还真是非要有大智慧才行。否则就不会在有名女星的成功史在女人眼中成为典范之际，男人却还在追逐她十多年前拍摄的裸照和光盘。

不过我很佩服Kitty的勇气，她是真的有资格说她外遇是因为终于遇见真爱，因为她到最后可是孑然一身离开Daniel，豁出去啦！

"真爱"这两个字是非常重的，别常拿出来说。其实大多数人根本都没有资格说。

真的很爱谁，可是因为个性不合所以不适合在一起。（难道对方是个神经病，没有办法相处？或者你是个神经病？）

真的很爱谁，可是因为内心有阴影所以不能在一起。（如果真的爱一个人，应该只会从他身上看见光明和希望，而不是阴影吧？）

真的很爱谁，可是因为人家有对象所以不能在一起。（如果你真的那么有道德观，那你干吗去占人家便宜？）

所以，不要说因为金钱、工作、宗教、学历、年龄这种原因而不坚持下去，却还要吃人家豆腐，说人家是你的真爱。拜托，真的很恶心，请收回去。

有个多金男人偶然遇上前女友，内心大动，对那女人说愿意养她，但不可能和现任女友分手，也不可能和她结婚。女人当下感觉浪漫，觉得放不下她的男人真把她当成真爱。可是，我觉得这男人自私指数破表：要是他对她的兴趣只维持到她三十五岁还勉强不用打肉毒杆菌的年龄，那么三十五岁之后没有工作经历、没有金钱来源只抱着一个空洞真爱的她，要怎么活下去？这和过去传统社会死男人坚持不让女人受教育外出工作，好受他控制，直到他对她厌烦，想娶小老婆的心态，有什么两样？

真有诚意，信义之星先来一户，加上千万股票过户还可以考虑，怎样，有那种胆识和能力吗？（真要在商言商，这真的可以考虑，因为一个人一辈子如何投资存款保险，都还不一定有这些资产嘞！不过女人自己要留一手，那就是保密到家。如此，你的物质生活绝对大获全胜，至于心灵，就看你个人在不在意了。）

我觉得，多数外遇通常只是一时情欲作祟，意义不大。如果一个人可以忍受大多数时间不用看见你，那真的谈不上什么爱情。女人实在不需要为男人的外遇看不开，单纯猎食和照顾周到的豢养，其中付出的心力大不相同。你管外遇对象长得多美身材多好，打猎的动物毕竟是拿来烹煮吃掉的美味，而豢养的宠物才是有付出感情的对象。女人实在不需要为了抵抗外遇第三者而拼命整形把自己打成一个化学怪物。

因为男人比你想象中有感情多了。实例证明，当男人外遇被抓包的时候，都会开诚布公地说"我和那女人不熟，我只是一时迷惘"。（意思就是说，就算这样说对外遇女人很受伤，我也不管她是死是活。只要身边的女人爽就好了。因为我还要和她在一起一辈子，她爽了我才能爽啊！）而当女人外遇被抓包的时候，都会说"是的，我爱上他了，拜托请放过我吧。"

但我以上说的男人不是情欲中毒患者，而是正常男人。八卦节目老生常谈的那些都是情欲中毒患者，不值一提。我们女人不要爱上那种情欲中毒患者，那是一辈子也治不好的病。

万一你身边的人正好是这种病患者,那么你需要想想看或去上一些心灵课程,找出自己是否有什么脆弱的一面以致于对这种患者需求如此强烈。我不是开玩笑的,某些心灵课程真的很有帮助,针对内心的缺乏对症下药,而不是逃避到了一个情欲中毒患者身上。

对待正常男人有正常的方法,不需要太过极端歇斯底里,而对待情欲中毒患者有更多不同做法,但最好的做法就是离他远一点。

古代君王很花心,女人换了一个又一个,不过女人对他来说是什么呢?李白的清平调已经说得很清楚了。之所以要"沉香亭北倚阑干",为的不过就是"解释春风无限恨"。这么多女人,没一个是君王的真爱,只要能"解释春风无限恨"的,他都能爱她一下。(注:以上解释只是众多国学解释的其中一个版本。)

反过来说,哪天君王变成糟老头乞丐,还有几个女人爱他?这种爱不过是情欲中毒而已。

我觉得每一个女人都应该认识这件事情:正常男人和情欲中毒男人大不相同。如果你拿对付情欲中毒男人那一套来对付正常男人,那结果一定是失败。相反,如果你拿对待正常男人那一套来包容情欲中毒男人,那结果更是和自己过不去。

所以我觉得两性相处的第一课就是搞清楚你的对象到底是正常人,还是情欲中毒患者。

29 别为不值得的人伤神

话说这几天名人的外遇事件沸沸扬扬，吃饭的时候一定会配着一样不可口的人和画面下咽。

我看了几天总算看出了一点心得。

我跟我家老公说，其实我可以原谅一个男人一辈子外遇一两次。

我家老公睁大眼睛看着我说：应该是连一次都不行吧？

当然最好是不要，但如果真的遇上了，评估男人过去对自己不差的状况下，勉强可以原谅啦！

第一次原谅是给人性出口。一辈子数十年只爱一个人对很多人来说都不人道。

第二次原谅是为了家庭子女以及现实生活，等等，最主要的是——辛苦那么久，非拿到他的退休金来花不可。

但如果必须原谅很多次的男人，那就算了吧！

我觉得有一种男人根本没有被原谅与否的问题，而是压根儿得不到女人的尊重。

那就是：只要是活着能呼吸、性别是女人的对象，都可以把他拐走的男人。

30 什么样的男人值得托付终身？

"什么样的男人值得托付终身？"这是我最近在奇摩网站上看到的问答题。

这个问题绝对有标准答案，例如：老实、可靠、家境清白、负责任、为人诚恳、有上进心。总之，无论是妈妈还是前辈女人的教导都没有错，照这样做就对了。至少，你的下半生不会在"被气到急速老化"与"反复崩溃"的过程中度过，你可以一直维持得非常青春美丽，无限动人。

女人，就像是一朵花，而男人，就像是泥土。当女人遇上了好男人，女人就会花开得很美丽，而且被宠到"太天真"；当女人遇上了不好的男人，女人就会变得很憔悴、很尖酸、很不可爱。虽然以上说的是至理，不过这个问题目前在我心中，还是变成一个申论题，而不是选择题。所以我花了一小段时间去思考："什么样的男人值得托付终身？"

我发现根据女人的性格而非三姑六婆的观念，大概可以做出以下两种选择：

第一个，很爱自己的男人。

和很爱自己的男人在一起是天堂。其实男人大概都差不多，所有优点和劣根性都差不多，不过要是遇到了自己很爱的女人，那么"就算死也要让自己更好"。

不是所有女人都需要有上进心、诚恳、又多金的男人，而且只要他很爱你，就算是瘪三也能做出几分人样来讨好你。

很爱自己的男人，到最后就是会根据自己的需要变成那种样子。所以，如果很爱你的男人到最后变成什么样子，请不要怀疑，他都是因为你而改变，你要负很大的责任，别嫌弃他。

第二个，自己很爱的男人。（但是，他得愿意让你托付终身。）

自己很爱的男人就像是麻醉药，不管他是强盗土匪还是色狼，你都没有不舒服的感觉，所以和这种男人在一起，就算是看起来痛苦，其实也是欢愉的。而且，这种渴望被虐待的心情只会专于自己所爱的那个男人。

以上这两种男人应该都值得托付终身。理由是：两种都能令你快乐。快乐就是人活下去最重要的动力。

但要做出以上两种选择，女人自己也要有两把刷子才行。如果你是个很没安全感的女人，那最好先去把安全感培养起来，不然即使再爱你的男人都无法满足你。

不要因为缺乏安全感就选择很爱自己的男人，那样对于安全感一点帮助也没有。如果你不觉得自己可爱，男人再怎么爱你都没有用。

女人做出决定应该是这样的：

我高兴，我喜欢别人爱我多一点，所以我选择了很爱我的男人。在这种男人身上，我感到巨大的幸福和享受。

我高兴，我喜欢和我爱的人在一起，所以即使选择了一个不是很爱我的男人，我还是因为可以拥有他大部分而感到心满意足。

如果把选择赖到别人身上，那就只会是痛苦。前辈女人常常这样说：

因为谁如何如何，所以害我变成现在这个样子。把自己的选择赖到别人身上是非常奇怪的。

最近，一位同样是已婚女人的话让我非常感动。

她最近遇上了一位旧情人，而对方有稳定的交往对象。她的内心波涛汹涌，可是理性上却完全掌握。她对我说，她连一点点反应都不可以有，不是因为这个旧情人曾经如何地伤害她，而是因为，她希望她的旧情人能和他目前稳定的对象结婚，和她拥有一样的幸福，以及放心的下半生。

我觉得她的旧情人不是笨蛋，一定知道怎么做对自己最有利。可是我在她的言语里面听到了最美丽的爱情，超乎情欲的冲动。

如果一个女人能完全自主地掌握幸福，她就能掌握住任何美丽的爱情。

"什么样的男人最值得托付终身？"这个问题也许本身就是错误的。因为这其中牵扯了太多价值条件和利害的关系，让爱情变得不美丽了。我觉得女人最应该问问自己的是这个问题：

和什么样的男人在一起能令我最快乐？

如果没有完美，我该如何选择？

31 快乐才是对的居所

不知道从什么时候开始，花心的男人们成为众矢之的、全民公敌，而且女人们把专情的男人视为珍宝。究竟是从女人被花心男人伤害的那一刻开始，还是从妈妈苦口婆心的教育开始？或是，从气愤那个常常夜不归宿的老爸开始？到底从什么时候开始，女人恨透了花心的男人呢？

专情的男人真的比较正常？比较好吗？最近我打了一个很大的问号。如果专情的定义是：在某个女人之后，他再也不会喜欢其他女人，一点点机会都没有、一瞬间的冲击都没有。

不过要先说明的是，我觉得很多花心男人其实是在生病的状态——生了自卑逃避的病，并不是真的那么爱女人。他们有很多被爱，却有更多无能为力的痛苦。

专情的男人更痛苦。这几年有遇见两个号称专情男人的经验，真是吓死我了。

第一次是在讨论电视上的某某美女，那位美女身材高挑、五官细腻、性格温柔，本来就是男人们的梦中情人。而我却听见某男对他"必须专情的对象"说，女生那个样子就是狐狸精，就是不检点不好的女人，他真不知道为什么有这么多男生喜欢，他嗤之以鼻。

一开始我还很认真听，他究竟要说出个什么道理来，直到最后，越听越胆颤，很像他和那女人有不共戴天之仇一样。

"必须被他专情"的女人则很快乐，笑得合不拢嘴。

第二次是最近在一个热闹场合，男人很显然地深受在场某位女性吸引，整个晚上一双眼珠子都深情地对着她看，对她充满着赞叹爱慕的语言。但是，等到他"必须专情的对象"来了之后，他就陷入焦虑不已的状态。

他开始用低级的言辞不着痕迹地羞辱那个女性,而且有点愤怒。这种微妙的情绪转换就在一瞬间。我看见了,她从他最爱慕的那个人,马上变成他最痛恨的那个人。

如果有刀,如果没有法律,我想他大概会砍她一刀以誓自己忠心不二的清白。

这让我想起了以前看的帝王剧,到最后他们对于让自己心醉神迷的女人都是这种态度。很诡异,很悲伤。

君子要发乎情、又止乎礼,真是非常不容易的修养。

这让我想起了两位大方的男性,他们总是非常有绅士风度地赞美身边的女人美丽,却从不进一步让谁迷惘受伤。

我发现,要能严以律己、宽以待人也很难,因为这么重的"专情"女人实在承受不起,到最后男人觉得自己伟大过全世界百分之九十九花心的男人,顿时感觉自己牺牲不少人生乐趣,就忍不住折磨他"必须专情的对象",找另一种诡异的人生乐趣。

爱情应该是快乐的,如果我们误认了忠贞的重要性,看轻了快乐的重要性,那还是爱情吗?如果你的对象对你而言是那么的毋庸置疑,那你还需要为了防堵自己的欲望而伤人伤己吗?

都说在一起久了,结婚了,只剩下亲情,其实我并不这样认为。我觉得,只要你记得住自己的真实面貌,记得住自己当初是如何心悦臣服地选择了这样的她(他),你就会想起那爱她(他)的感觉如此熟悉、如此快乐。只要你还认得自己,你就会知道什么婚姻和亲情的说法都只是一种说法,什么家庭和环境只是一种环境,但那并不属于你,不会属于你和她(他)之间。你和她(他)的人生独一无二,爱她(他)的快乐,不会有第二个人能给你。

放开手，拥抱世界上的快乐，我们才会更明白，这世界上所有的快乐都一样，只有你和她（他）之间的快乐，无可取代。

图书在版编目（CIP）数据

女人·爱·恋爱/郑絜心著. － 北京：朝华出版社，2013.2
ISBN 978-7-5054-3378-6

Ⅰ.①女… Ⅱ.①郑… Ⅲ.①女性－爱情－通俗读物 Ⅳ.①C913.1-49

中国版本图书馆CIP数据核字(2013)第031122号

著作权合同登记图字：01-2013-1559
本书通过四川一览文化传播广告有限公司代理，
经中国台湾雅书堂文化事业有限公司
授权朝华出版社在中国大陆地区独家出版中文简体字版

女人·爱·恋爱

作　　者	（台）郑絜心
选题策划	杨　彬　焦雅楠
责任编辑	张　冉
特约编辑	赵　倩
责任印制	张文东
封面设计	知墨堂文化
出版发行	朝华出版社
社　　址	北京市西城区百万庄大街24号　邮政编码 100037
订购电话	(010) 68413840　68996050
传　　真	(010) 88415258（发行部）
联系版权	j-yn@163.com
网　　址	www.blossompress.com.cn
印　　刷	北京彩虹伟业印刷有限公司
经　　销	全国新华书店
开　　本	710mm×889mm　1/32　　　字　数 100千字
印　　张	7.5
版　　次	2013年5月第1版　2013年5月第1次印刷
装　　别	平
书　　号	ISBN 978-7-5054-3378-6
定　　价	26.80 元

版权所有　翻印必究·印装有误　负责调换

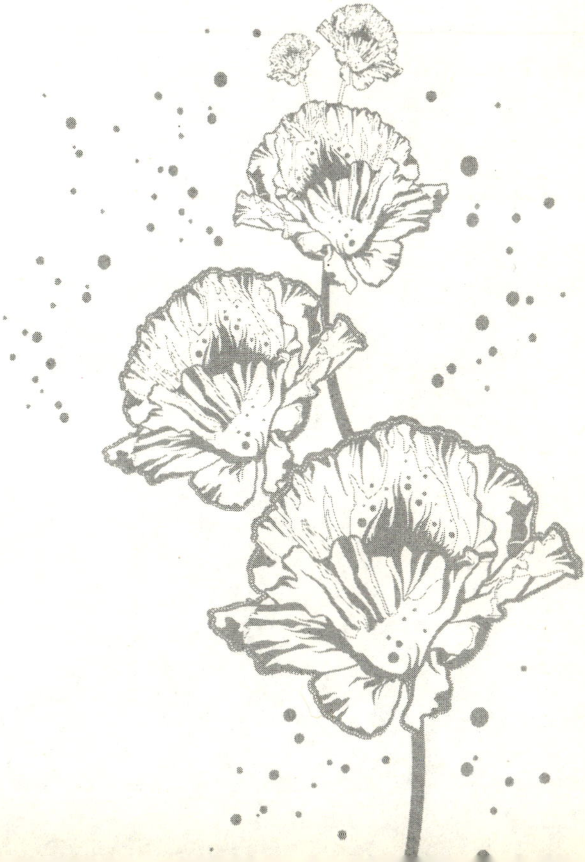

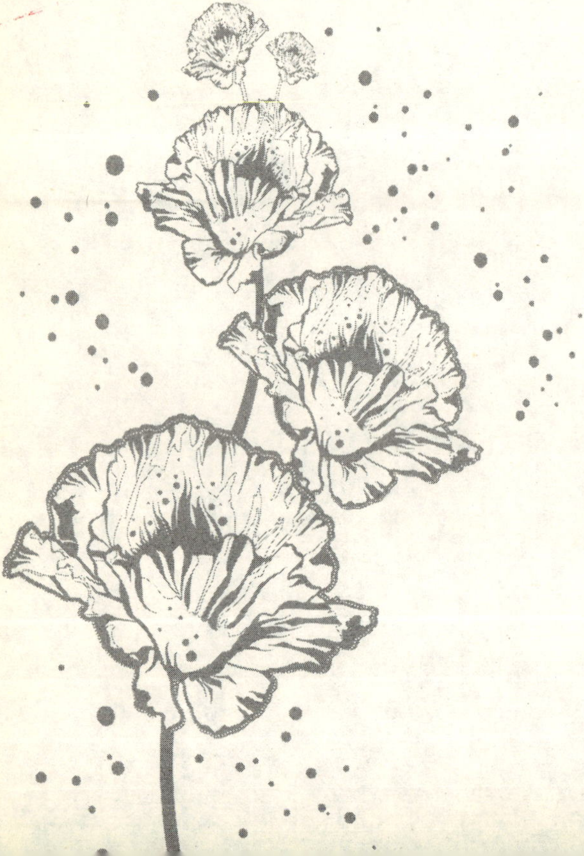

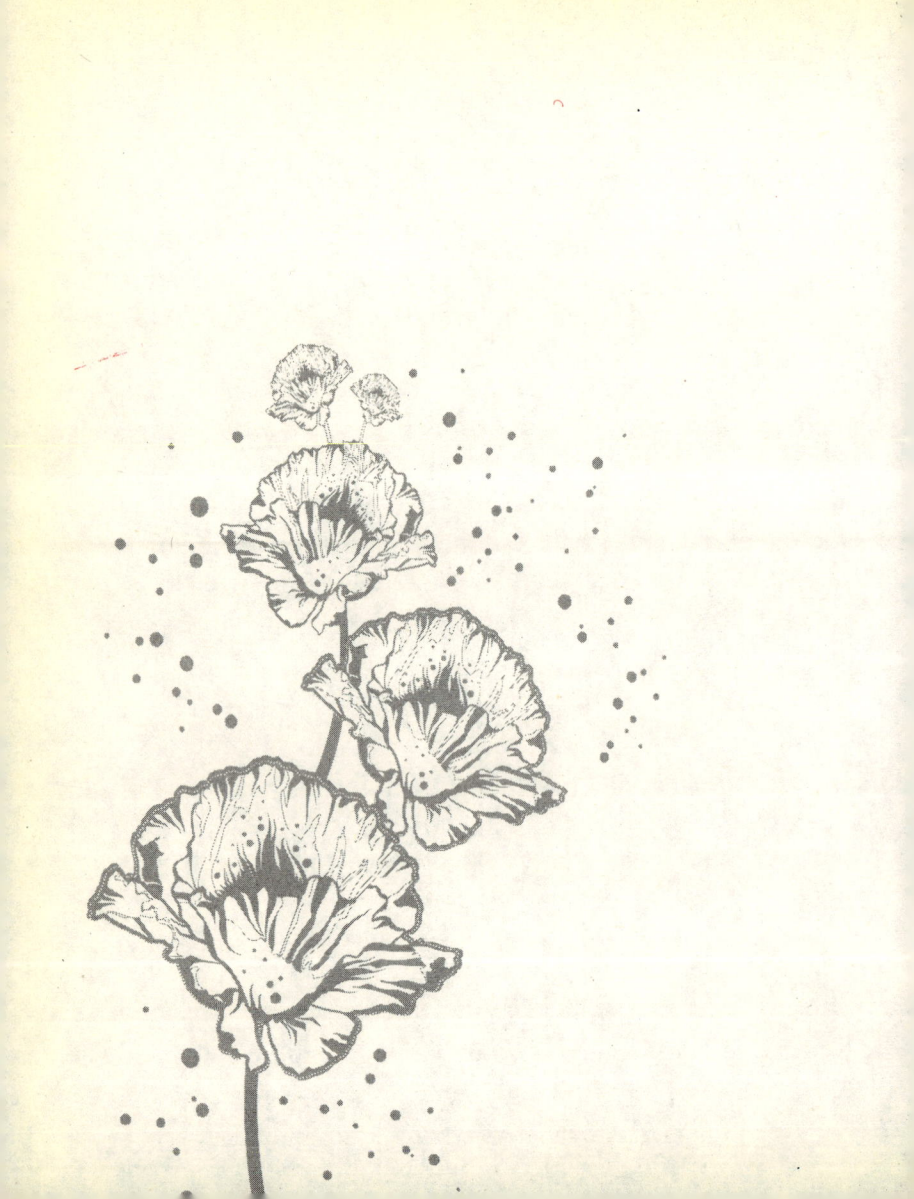